理論とテクノロジーに裏付けられた

新しい選挙制度

松本保美 著

木鐸社刊

今は亡き岡本哲治，稲田献一両先生の暖かいご指導に感謝して

まえがき

　本書は選挙制度改革に関する一試論です．私は政治学や選挙制度に関しては素人なので，私論と言ったほうが適切でしょう．しかし，敢えて挑戦的な言い方をさせてもらえば，本書の特色は，なぜか，この分野の専門家の殆どが注目していない（が，私には極めて重要だと思われる）問題を取り上げ，そこから選挙制度全体を見直してみた点にあります．その問題とは，今日世界中で広く採用されている投票方式の殆ど全てが，本来当選すべき人ではない候補者を当選させてしまう可能性があるという，投票方式の持つ構造的な欠陥です．そこで，本書では，このような構造的欠陥を持たない投票方式，すなわち，当選者の正統性が論理的に保証される投票方式を理論的に検討し，その中から実際の選挙に用いることのできる投票方式として二分型投票方式を選び出し，その具体的な用い方と有効性を過去の選挙結果との比較という形で検討しています．さらに，その投票方式をコンピュータ・ネットワークを中心としたIT技術と結びつけ，選挙関係者（投票者および運用・管理・集計に携わる自治体等の関係者），投票の自由度および当選者の正統性，運用コストのいずれの点においても，現行の選挙

制度よりも優れ，かつ，投票率を向上させる（であろう）電子投票システムとして在宅投票システムを推奨しています．最後に，本書の議論を集大成する形で，選挙制度改革論議において常に問題となる一票の格差をも自動的に解消する定数変動型選挙制度を将来の選挙制度の雛形として提案しました．

ここで，選挙制度改革，ひいては政治改革に対する私の基本的立場と考え方，および，本書の目的を明らかにしておかなければならないでしょう．オルテガというスペインの哲学者は，「民主主義は，その形式や発達程度とは無関係に，一つのとるに足りない技術的細目にその健全さを左右される．その細目とは，選挙の手続きである．」と述べています．また，わが国でも昔から，「型から入る」という言い方がよく使われます．些細な，一見なんでもないようなことが全体を変えたり，本質を突いていたりすることがあるものです．本書でとり上げる投票方式は選挙制度や政治制度におけるそのような問題だと私は考えます．だから，私は，まず，同じ投票でも投票方式が違うと結果が大きく変わってしまうということを示すことで，できるだけ多くの人々に，少なくとも，選挙制度改革にはこのような視点や問題もあるのだという認識を持ってもらい，さらに，政治改革や選挙制度改革に関し，多くの人々が多彩かつ真剣な議論を行って欲しいと願っております．本書は，まず，そのようなきっかけとなることを狙って書かれました．したがって，当然のことながら，専門家だけでなく，一般の読者からも多くの感想や意見，反論を期待しております．

さて，私は，一応，表向きは経済研究者ということになっており，大学では経済学を教えていますが，専門は社会的選択理論（集団的選択理論とも言われます）です．（もっとも，元来怠け者なので，この専門も今では怪しいものです．）社会的選択理論というのは，個人の意思

とその集計としての社会全体の意思もしくは決定の間の関係を考察する学問で，一般には経済学の基礎理論と認識されています．しかし，これは，この分野の研究が殆ど経済研究者によって発展させられてきたというだけの話で，本当は社会科学の基礎理論と言った方が正確な表現です．

　この研究の歴史的源流は，紀元前5～6世紀頃のギリシャ，インドや中国(1)にまで遡ることができますが，今日につながる直接的な出発点は，自由・平等・博愛をスローガンに掲げて民衆が蜂起したフランス革命といってよいでしょう．当時の関心は，如何にして人々の正統な代表を選出して国民議会に送るかということでした．平等の精神が高揚していた当時にあっては，単純多数決が望ましい投票方式として考えられたのは，当然といえば当然でしょう．しかし，すぐに，（単純）多数決が制度として厄介な問題を抱えていることがわかりました．なかでも有名なのは，本書でも解説していますが，投票の逆理（ボーティング・パラドックス）でしょう．いわゆる，三すくみというやつです．その他，泡沫候補が出馬するかしないかで当選者が変わってしまうといった問題があることも明らかになりました．

　このような厄介な問題を厳密に分析できるようになったのは，記号論理学や集合論が分析用具として確立・整備された20世紀以降のことです．とりわけ，20世紀後半になってからのこの分野の急速な進展には目を見張るものがあります．こうして，1960年代に，単純多数決に付随する論理的に奇妙な問題点を全て解決する解答が理論的に明らかになりました．しかしながら，理論的成果を現実に利用できるようにするのはなかなか難しく，この単純多数決に関する成果も長らく例外ではありませんでした．しかし，今日，本書に示すように，多数決に関する今までの理論的研究成果を近年急速に発展・普及してきたコン

ピュータ，コンピュータ・ネットワーク，IT技術に結びつけることによって，現行選挙制度よりも優れた選挙制度を実現し，利用できる段階に到達しました．

最近のIT技術の進歩・変貌は極めて速く，この先世の中がIT技術で一体どのように変貌していくのか，私たちには予測が困難な状況です．近年世界各地で行われている電子投票の実用実験も同じで，近未来の選挙制度を具体的にイメージするなどということは多くの人々にとってかなり難しいのではないでしょうか．[2] 一方，多数決制度の理論的研究の内容を理解することも，数学や記号論理学の知識に乏しい多くの人々には，やはり困難だと思われます．しかし，民主的社会における選挙制度の重要性は誰もが認識しているでしょう．そこで，本書では，理論や技術の詳細はできるだけ省略し，結果として表面に現れてきた多数決に関する理論的成果を最新のIT技術と結びつけると，選挙制度としてどのような可能性が広がるかということをできるだけ明らかにしようと心がけました．読者の大半は専門的知識のない人と想定しているので，表現もできるだけ平易かつ具体的にし，専門的な言い回しも避けるように努めたつもりです．そのため，理論的には若干あいまいもしくは不透明な説明にならざるを得なかった点もあります．しかし，だからといって学問的レベルを下げているわけではなく，まだ他では用いられていない新しい概念や研究成果も取り入れています．すぐには理解が困難なところもあると思いますが，丁寧に読み直していただければ，少なくとも話の概略と問題の重要性はきちんと理解されるでしょう．最後の参考文献リストでは入門書と専門書を分けて記載しましたので，本書で省略された理論的な理由付けや，より専門的な説明を理解したいと思う読者は，まず，参考文献リストに挙げた文献に当たってみてください．

リストの中には，本文中で参照されていない文献も含まれています．それらは，本書の内容に深い関係を持つものです．本書で扱っている問題をもっと深く，広く探求してみようと思う読者には是非読んでもらいたいと思って掲げておきました．

最後に，本書を読む上での注意を二点挙げておきます．一つは，本文中に頻出する「有権者」と「投票者」の区別です．一応，選挙制度一般を論じる場合には前者を，投票行為に関わるときには後者を用いています．しかし，両者の区別はかなり曖昧です．本書においては，有権者の内，実際に投票を行う人が議論の中心になっています．したがって，読んでいて分かりづらいと感じる場合は，有権者を全て投票者と読み替えてください．

二つ目は，本書中随所に出てくる同じような表現の扱いです．これは，私が過去に発表した論文を寄せ集めたという本書の構成に原因があります．当初，重複部分を整理しようかとも考えましたが，一般向けという本書の性格上，敢えて残しておいた方が読者の理解を助けるのではないかと判断し，余り手をつけず，そのままにしておきました．その分，文章がくどくなっていますが，ご容赦ください．

目次

まえがき ……………………………………………………………… 3

序章　現行選挙制度と本書における分析の視点 ……………15

1章　選挙制度は投票方式が命 ………………………………29
  1.1　問題の多い現在の投票方式 ………………………………32
    1.1.1　何故一人1票？　(32)
    1.1.2　1票の重さの不平等　(34)
    1.1.3　投票率の低下　(35)
    1.1.4　投票結果の信憑性　(36)
  1.2　多数決の奇妙な結論 ………………………………………37
    1.2.1　投票の逆理　(38)
    1.2.2　総得点方式　(39)
    1.2.3　泡沫候補の影響　(40)
  1.3　票の集計方法いろいろ ……………………………………42
  1.4　選挙制度改革の狙い ………………………………………43
    1.4.1　難しい1票の格差是正　(44)
    1.4.2　投票率低下をどう防ぐか　(45)
    1.4.3　チェックされない当選者の正統性　(46)
    1.4.4　将来の選挙制度　(47)
  1.5　「平等」をどう考えるか …………………………………48
    1.5.1　比例的平等と無差別的平等　(48)
    1.5.2　アローの一般可能性定理　(49)
    1.5.3　平等観の理想と現実　(51)

2章　理想的な投票方式を求めて ……………………………53
  2.1　首尾一貫した単純多数決の種類 …………………………54

2.1.1　二分型投票方式　(56)
 2.1.2　エコー型投票方式　(56)
 2.1.3　敵対型投票方式　(56)
 2.1.4　単峰型投票方式　(57)
 2.1.5　単谷型投票方式　(58)
 2.1.6　二グループ分離型投票方式　(59)
 2.1.7　タブー型投票方式　(59)
 2.1.8　理論的かつ実際的な投票方式　(60)
2.2　使える投票方式……………………………………………62
 2.2.1　二分型投票方式と自由な投票　(63)
 2.2.2　投票権に対する考え方：現行投票方式と二分型投票方式　(66)
 2.2.3　単峰型投票方式と投票行動　(67)
2.3　補論：複数投票権と投票結果の論理的整合性…………70
 2.3.1　順位付け投票で当選者を決定できない確率　(70)
 2.3.2　コンドルセ基準による多数決勝者を保証する投票数　(71)

3章　本当の当選者は誰？……………………………………73
3.1　民主主義と選挙制度………………………………………73
 3.1.1　比例代表制と多数代表制　(74)
 3.1.2　二分型投票方式：論理的整合性と実用性　(76)
3.2　失意の投票者………………………………………………77
3.3　一人1票方式と一人複数票方式…………………………78
3.4　候補者の二項比較…………………………………………80
3.5　実例に見る集計結果の奇妙な結論………………………83
 3.5.1　投票の逆理　(83)
 3.5.2　単峰型投票方式　(84)
 3.5.3　泡沫候補の影響力：単峰型投票方式の場合　(87)
3.6　二分型投票方式の適用……………………………………89
 3.6.1　投票行動の想定　(90)
 3.6.2　あなどれない泡沫候補の存在　(92)

3.6.3　検証：当選者の正統性　(94)
3.7　二分型投票方式の薦め………………………………………95

4章　小選挙区制はどの程度民意を代表するか………99
4.1　激戦区………………………………………………………99
　4.1.1　当選者の得票率が低い選挙区　(100)
　4.1.2　候補者乱立の選挙区　(101)
　　a)　ケース1　(102)
　　b)　ケース2　(103)
4.2　圧勝区……………………………………………………104
4.3　まとめ：二分型投票からみた小選挙区制………………106

5章　選挙は自宅で………………………………………109
5.1　電子投票化への動き……………………………………109
5.2　コンピュータ・ネットワーク社会……………………111
5.3　電子投票の現状と問題点………………………………112
5.4　IT技術の現状……………………………………………116
　5.4.1　テレビ・電話は一人1台時代　(116)
　5.4.2　一体化するテレビとパソコン　(118)
　5.4.3　余裕のある回線能力　(118)
5.5　在宅投票システム………………………………………120
　5.5.1　現在の投票システムとの比較　(121)
　　a)　在宅投票システムのメリット　(121)
　　　①　投票率の向上　(121)　②　コストの大幅削減　(123)
　　b)　在宅投票システムの問題点　(124)
　5.5.2　すぐにも可能な在宅投票システム　(124)
　　a)　回線負荷　(124)
　　b)　ホスト・コンピュータの処理能力と分散型システム　(126)
5.6　在宅投票システムの先に見えてくるもの………………129
5.7　在宅投票システムの運用上の問題点と対策……………131

5.8　在宅投票システム実現に向けて……………………………133

6章　究極の選挙制度……………………………137
6.1　選挙は機械的に処理すべき……………………………137
6.1.1　有権者の投票行動　(138)
6.1.2　自治体の投票集計作業　(139)
6.1.3　ソフトウェアで格差是正　(140)
6.2　自律的選挙制度の特徴と課題……………………………141
6.2.1　在宅投票システムの特徴と課題　(141)
　　a)　システム構築と公職選挙法改正　(142)
　　b)　システムの操作性　(142)
　　c)　行政サービスとシステムの汎用性　(143)
　　d)　投票端末機の開発と普及　(143)
　　e)　在宅投票システムの普及のために　(145)
6.2.2　二分型投票方式の特徴と課題　(146)
6.3　まとめ：定数変動型選挙制度の薦め……………………………150

注……………………………155

参考文献……………………………176

あとがき……………………………181

人名索引……………………………185

事項索引……………………………186

理論とテクノロジーに裏付けられた

新しい選挙制度

序章

現行選挙制度と
本書における分析の視点

　政治改革や選挙制度改革が叫ばれ始めてどのくらいたつでしょうか．今でも依然として盛んで，議論百出といった状況です．専門家[1]と称する人が入れ替わり立ち代り現われては，自説を展開していますが，正直に言って，私のような素人には一体どの意見が傾聴に値するのか判断に苦しみます．が，議論に巻き込まれないようにして，ちょっと遠くから第三者的に眺めていると，議論の多くは，問題の焦点が明示されていないことが多く，論点が錯綜・矛盾している場合がよくあるように感じられます．あえて言わせていただくと，殆どが床屋談義のような印象すら受けます．皆さんはどのように感じておられるでしょうか．もちろん，きちんとした議論も多いのでしょうが，素人目にもお粗末な議論があまりにも多いので，その大海の中に飲み込まれてしまっていて，見つけられないようです．そんな中に，本書のような素人本が参入するのは，混乱に輪をかけるようでちょっと気が引けるのですが，手にしてしまったあなた，これも何かの因果とあきらめて，最

後までお付き合いください．

　政治学に限らず，社会科学の分野においては，すぐに一端の専門家気取りになる人が多いようです．政治や経済はそれだけ人々の生活に密着している証左とも言えます．だから，一言発したいのでしょう．その気持ちは分からないわけではありませんし，「言うな」と止める気もありませんが，そのような言動の多くは概して表面的で自己陶酔に陥っているものが少なくないようです(2)．このような主張は議論に混乱を引き起こすだけですから，大いに気をつけなければなりません．先にも述べたように，私も政治学や選挙制度に関しては素人ですから，この戒めはまず私自身に向けられなければなりません．

　さて，世上よく耳にする改革論議の中で私が気になるのは，「選挙制度改革は政治改革を矮小化する」とか「選挙制度改革を叫ぶことで政治改革というより大きな問題を誤魔化している」，あるいは，「真の問題は政治腐敗を防止することで，選挙制度改革ではない」と言った類の議論です．私は，政治改革という国民全員に影響する社会的な大問題を扱う場合には，その具体的な手段・手続きである選挙制度の改革を抜きにしては語れないと思っています．とりわけ，選挙における投票方式という，一見，あまり重大とは考えられていそうもない技術的な問題をどのように扱うかが決定的に重要だと考えております．このような私の考えの基礎には，本書のまえがきで紹介したように，オルテガの，「民主主義は，その形式や発達程度とは無関係に，一つのとるに足りない技術的細目にその健全さを左右される．その細目とは，選挙の手続きである．」という主張があります（Ortega 1930）．同じような意味をもう少し一般的に述べた言葉として，わが国には「型から入る」という言い方があります．武芸や芸事の習得に昔からよく用いられてきた指導法でもあり，学習法でもあります．最初は，意味も分か

らず，言われるままに「型」を教え込まれるわけですが，そうこうする内に自分なりに意味を体得し，それが対象としている武芸や芸事を規定するルールとなると同時に，新しい境地を切り開く出発点ともなるという，なんとも説明しにくいものです．この言葉も最近では死語になってしまったと言えるのかもしれません．しかし，今でも多くの人がはっきり自覚することなく子供の躾などによく用いています．この「型から入る」という言葉は，本来は個人を対象としたものですが，私は，この言葉に社会的な意義を見出しています．とりわけ，選挙制度のように，社会の成人全員が参加するような制度における影響力は絶大なものと推測されます．したがって，「選挙制度改革は技術的な細かい問題に過ぎない」と言う見解は皮相的だと思います．

オルテガの主張と同様な見解がルソーにもみられます（Rousseau 1762）．彼の主張を本書の趣旨に即して私なりに解釈すると次のようになるでしょう．ルソーは，正しい社会的意思決定とは人々の一般意志[3]のことであると論じます．一般意志とは人々の間で共通な意志を意味し，投票という手続きをとった場合には，社会の人々の単純多数決で過半数を獲得した見解を指します．ところで，この，多数決で決まったことを反対者も受け入れるということは人々の間の合意事項ですが，その前に，多数決という手続きを用いるということに関し，人々の間に暗黙の合意があるはずです．そして，この暗黙の合意こそが，投票という意思決定手続きを実効性のあるものとしています．つまり，ルソーもオルテガと同様，投票という選挙制度の手続き事項が民主主義にとって決定的に重要であると主張していることになります．

さて，選挙制度改革を論じる以上，始めに選挙制度に関するオーソドックスな議論を紹介しておく必要があるでしょう．しかし，何度も

言うようですが、この分野の素人である私としては、専門家の見解を簡潔にまとめるだけに止め、本書における分析の立場を明確にし、できるだけ早く本題に入るようにします(4)。なお、以下の議論の助けとして、加藤（2003）と選挙制度研究会（2002）を是非とも併せて読んでいただきたく思います。そうすることで、選挙制度全体を理論・実際の両面からより正確に理解でき、本書の主張の位置づけも明確になるでしょう。

まず、選挙制度は、表0.1に示すように、民意の反映の程度から見ると、多数代表制と比例代表制に分けられ、一方、選挙区割りの面からは、小選挙区制と大選挙区制に分けられます。わが国の衆議院議員選挙で従来採用されていた「中選挙区制」は大選挙区制の一種とみなすことができます。

比例代表制（大選挙区）は、世論をできるだけ忠実に選挙結果に反映させる制度であり、多数代表制（小選挙区）は、政局の安定を狙って、選挙区の多数派の代表を議会に送る制度と言えるでしょう。大選挙区の場合、定数が三人なら3票、四人なら4票と、有権者に定数の数だけ投票権を与えるのが一般的で、わが国の中選挙区制や市町村議会の議員選挙のように、1票しか与えない単記制（一人1票主義）は例外的な制度であると言えます(5)。そこで、大選挙区における投票方法の日本と欧米における違いをまとめてみると、表0.2のようになります。

表0.1 代表制と選挙区

	多数代表制	比例代表制
小選挙区	小選挙区制 （英，米など）	
大選挙区	完全連記制 （例外的，フィリピン上院など）	比例代表制 （欧州大陸諸国など）

出典：加藤（2003）図表1

表0.2　大選挙区における投票方法

	日本的区分	欧米の区分
単記制	複数定数だが投票は1人だけ	制限投票制
連記制	制限連記制 　定数より少ない投票	複数定数だが， 　定数より少ない投票
	完全連記制 　定数の数だけ投票	複数投票制 　定数の数だけ投票

出典：加藤（2003）図表2

　わが国の中選挙区制や市町村議会の議員選挙は単記制に該当しますが，定数が，たとえば，三人のときでも，1票しか投じられないというのはちょっと奇妙じゃありませんか．特に，市町村議会の選挙では，定数が一般に，15〜30名ほどにもなるのに，投票者は1票しか投票できません．これなどは，私にはとても変に感じられます．皆さんはいかがでしょうか．

　ところで，中選挙区制はわが国の選挙制度の特異性を示す制度だということですが（加藤 2003），選挙制度改革論議のまとめとして，各選挙制度の長所・短所を表0.3にまとめておきましょう．しかし，これはあくまでも大雑把な特徴であり，あまり過大に重視すべきではありません．さて，この表を見てすぐに気づくのは，どの選挙区制にも一長一短があり，どれが良いとも悪いとも言えないという点です．しかし，これをもって，安易に折衷的な制度を推奨・採用するのは危険でしょう．「選挙制度論は，こういう技術論的なレベルに終始していてはならず，理念にまでさかのぼった検討が欠かせない」（加藤 2003）という見解は傾聴に値します．それによって，どういう選挙制度，および，どういう投票方式を採用すべきかが決まるからです．

　ここで，表0.3中の用語「拘束名簿式」に関連して，比例代表制における各政党の候補者の優先順位・獲得票配分の方法を簡単に説明して

表0.3 各選挙制度の「利害得失」

	提唱者の論拠（いわゆる「長所」）	反対論の論拠（いわゆる「短所」）
中選挙区制	・少数勢力も議会に代表を送るチャンスがある ・比較的多くの候補者の中から選べる	・同一政党から複数の候補が出て同士討ちとなるので個人本位の選挙運動になる ・個人後援会などで選挙資金が多くかかる ・政策本位の選挙とならない
小選挙区制	・多数党が形成されやすく，政権の安定につながる ・各党1人の候補で政党本位，政策本位の選挙となる ・選挙区が狭いので，選挙資金が少なくてすむ	・議席につながらない死票が多く，少数勢力は議会に代表を送れない ・地方の有力者に有利で地盤の固定化が進む
比例代表制	・多様な民意が鏡のように議会に反映される ・政党間の争いとなり，政策本位の選挙運動となる	・小党分立を招き，政局不安定となりやすい ・拘束名簿式の場合，候補者と有権者の関係が疎遠になる

出典：加藤（2003）図表3

おく必要があるでしょう．比例代表制は，(1)単記移譲式と(2)名簿式に分かれます．(1)では，有権者は候補者に優先順位をつけて投票します．1番目の候補者が当選した場合，当選に必要な得票を超える票を2番目の候補者に回します．優先順位が同じ党内の候補者間に設定されるなら，死票が減少し，各政党の獲得した票に比例した議席配分となります．アイルランドで採用しています．(2)は政党の提出する候補者の名簿に従って議席を比例配分する方式で，大きく4種類ありますが，政党本位の選挙の順に説明しましょう．①厳正拘束名簿式：政党がつけた順番に従い，上位の候補者から当選とする方式です．衆議院議員選挙で用いられています．②単純拘束名簿式：政党による順位が付い

ていますが，有権者は候補者への投票が可能です．個人票は点数化されて集計され，点数が増えるに従い名簿上の順位が上がっていきます．その結果，選挙に際して初めに作られた名簿の順位が変わる可能性があります．ベルギーが採用しています．③非拘束名簿式：候補者名簿に順位はありません．有権者は政党名でも候補者名でも投票できます．政党票と所属候補者の個人票を集計し，その比例配分で各党の議席が決まります．各党内では，より多くの個人票を獲得した候補から当選していきます．わが国でも，2001年の参議院議員選挙で採用しました．④自由名簿式：完全連記制に近い方式で，政党は定数分の名簿を提出し，有権者は定数分の数だけ候補者を自由に選ぶことができます．スイスで採用されています．スイスの選挙はかなり自由で，複数の政党にまたがる投票，名簿にない人への投票，同一候補者への複数投票（累積投票）が認められています．

以上の説明から，選挙結果は採用する投票方式に大きく影響されることがお分かりになったでしょう．政府の形態や政治のあり方が採用している選挙制度に大きく影響されることは明らかです．民主主義といっても多様です．[6] 逆に言えば，どのような政治形態や政府の政策運営を望むかによって，さらにはその社会の歴史や成り立ち，人々の嗜好などによって，どのような選挙制度を採用するかが規定され，それによって投票方式が決まる，と言ってもよいでしょう．結局，一国の政府や政治の安定性（もっと一般的には成功と言ってもよいでしょう）は，採用する投票方式如何によるのですから，オルテガが主張するように，些細に見える手続きが非常に重要だということになります．

本書の目的にとっては，現行選挙制度に関する知識はこれで十分でしょう．より詳しくは専門家による解説にあたって下さい．

それでは，本書における分析の視点・立場を明らかにしましょう．先に，私は，現行選挙制度の投票方式には構造的な欠陥，すなわち，本当は当選者ではないかもしれない人物を当選させてしまう可能性があると述べました．このような可能性をなくし，当選すべき人物が確実に当選することを保証する投票方式を実際の選挙制度に組み込むことは，単に投票者の投票方法を変えるだけですから，選挙制度の手続きをちょっと変更するに過ぎません．私が選挙制度改革で問題にするのは，基本的にこの投票方式だけです．本書の後半，とりわけ第6章では，より望ましい選挙制度を掲げていますが，それは，望ましい投票方式を活かすことのできる制度として，私が考える選挙制度の例です．したがって，それらは案であり，議論を沸騰させるための叩き台です．本書の主要な目的ではありません．そうは言っても，私としては真剣に考えぬいた結果として得た案ですから，これを出発点として議論を深め，より良い方向に選挙制度を改革していって欲しいと願っております．そうすれば，単に選挙制度が変わるだけでなく，政治制度や人々の政治や選挙制度に対する意識も大きく変貌することでしょう．

ひとつ注意しておきます．本書で提案する選挙制度では，世襲議員の可否，選挙資金の問題などといった実際の選挙でよく世論を沸騰させる問題は扱っておりません．この種の問題は，形式的には，本書で扱っている普遍的な構造を持つ投票方式に課せられる条件と言っていいでしょう．これらの問題を扱わない理由は，これらが人々の意思，好み，考え方などに大きく影響を受け，その適否が時代により，社会により大きく変化し，普遍性のない問題だからです．

説明するまでもないと思いますが，投票方式に焦点を合わせるといっても，これから論じる内容は，伝統的な選挙制度論とは視点が異な

るので，上に述べてきたような，制限投票制，複数投票制，あるいは，単記制，連記制（制限連記制，完全連記制）といった伝統的な議論とは直接の関連性を持ちません．狙いは，当選してしかるべき人を確実に選出することを保証する投票方式ですから，一人1票などという制限を最初から設定したりはしません．もちろん，自由な選挙を想定しています．ところが，ここで，政治学において伝統的に前提とされている，自由な選挙を判断するための5原則（加藤 2003）が問題になります．その5原則とは，①普通選挙（一定年齢に達した人全員に選挙権を付与），②平等選挙（一人1票），③直接選挙（有権者による議員の直接選択），④秘密選挙（投票の秘密保持），⑤自由選挙（政治結社の設立，候補者の擁立，選挙運動，有権者の情報収集・判断・投票などの自由の保障．この中には報道・言論の自由も含まれるでしょう）です．

この五つの原則はいずれももっともなように思われます．しかし，私がここで問題にするのは，②平等選挙です．一部の人には多くの票を与えるが，その他の人には少ない票しか与えないというのなら，確かに不平等でしょう．しかし，だからと言って，そこから一人1票でなければならないという結論は出てきません．一人2票ずつとか，3票ずつ与えたってよいはずです．また，誰もが自分の好きなだけ投票できるというルールであっても構わないでしょう．このような投票方式は一人1票よりも柔軟な方式です．結局，「平等」に対する考え方の違いが問題になりますが，本書では，投票権に関してはかなり柔軟な態度をとります．

ところで，投票方式を柔軟にするということは，伝統的な投票方式（制限投票制，複数投票制）よりも複雑な投票方式の採用を考えなければならない可能性が増えることを意味します．これは，集計作業が面

倒になるということです．しかし，幸運なことに，今日はコンピュータ技術や IT 技術が高度に発達・普及しているので，これらの技術を利用すれば，どんな投票方式を用いようとも，集計作業は人手を介さず簡単に機械的に処理されます．

最後に，本書における分析・評価の立場を明らかにしましょう．それは選挙制度を考察する上で決定的に重要なことです．

すでに，選挙制度は，大きく多数代表制と比例代表制に分けられると述べました．多数代表制とは，政局の安定を狙って，選挙区の多数派の代表を議会に送る制度で，定数1の小選挙区制が採用されます．これに対し，比例代表制は，世論をできるだけ忠実に選挙結果に反映させる制度であり，定数が複数の大選挙区制が採用されます．1996年以前の衆議院議員選挙で実施されていた中選挙区制は大選挙区制の一種です．本書では，比例代表制の立場をとります．続いて，その理由を説明しましょう．

比例代表制では，まず，国民の意思が正確に選挙結果に反映され，死票が少なく，選挙費用が節約でき，国民が政府を監視・コントロールできます．これに対し，多数代表制は，国民の意思を忠実に反映するというよりも，安定した政局運営の方を重視して，選挙で安定多数の政党を作り出すことを狙っています．その背景には，政治は小党分裂ではうまくいかないという考えがあり，二大政党論の根拠になっています．このため，小選挙区制が採用されますが，候補者の得票差が極く僅かでも，2位以下の候補者の得票は全て死票になってしまい，選挙結果は国民の実際の意見の違い以上の差となって表われます．要するに，比例代表制は国民の意思をできるだけ正確に議会に反映させ，政策論議は議会で行おうというのに対して，多数代表制は選挙の段階で為政者を決定し，安定した政策運営を行わせようとしていると言え

るでしょう．特に，後者の場合は，政府に独裁権を与えることで，首尾一貫した政策運営を期待しているとも言えます．[8]

ところで，比例代表制と多数代表制の根底には，人々に対する認識の違いがあります．比例代表制では，選出した議員を信用しておらず，常に人々が議員を監視すべきだと考えているのに対し，多数代表制では，議員を聡明な人物とみなし，無知蒙昧な大衆を指導する役割を担うものと認識していると言えましょう．

しかし，「大衆」というのは，この言葉がこの世に出現したとき以来必然的に持つ意味からして，いつ如何なる社会においても，（「聡明な人」もしくは「賢人」からみれば）「無知蒙昧な人々」です[9]．オルテガ流に言えば，「常に揺れ動き変貌止まない現実を安定させようと先人が苦労して作り上げてきた文明・文化を，ただで享受できて当然と考えている人々」，「自分自身に多くを課さない人」，または，「何でも政府がやるのが当然と思っている人」が「大衆」です（Ortega 1930）．このような大衆に選挙権を与えてしまったのですから，民主政治は必然的に衆愚政治になります．（しかし，衆愚政治は必ずしも民主政治を意味しないことはお分かりになりますね．）したがって，「大衆」が議員を本当に監視できるとは思われません．一般に，「大衆」は，「賢人」[10]を理解するのが困難ですし，「賢人」を毛嫌いします．また，選挙は「大衆」の支持がなければ当選しませんから，「大衆」の意思に反するような政策は実施できません．結局，「賢人」が立候補しても当選せず，「大衆」の中から議員が選出されます．言い換えると民主主義体制を維持する限り，多数代表制が想定するような大衆を指導し得る政治家が出現する可能性は少なくなるだけです[11]．多数代表制を主張する根拠がなくなったということです．今後，政治への大衆の関与はますます深まりこそすれ，選挙権を取り上げたり，制限したりすることなど

できっこありません．したがって，選挙制度は，必然的に，多数代表制ではなく，比例代表制のウェイトを強めるでしょう．この傾向は，第5章で論じるように，最近のコンピュータ・ネットワークの普及やIT技術の進歩によっても後押しされ，比例代表制，さらには直接民主制への指向性を強めるでしょう．ここで重要なのは，一般に，新しい技術というものは日常生活における既存の手続きを若干変えるという形で社会に浸透し初めますが，この動きは誰にも止めることができないということです．なぜなら，技術進歩の背後にある人間の知識欲は，(良し悪しは別に)他の生物と違って人類が今日のような発展を遂げてきた原動力であり，進化生物学的に言えば，人間の本能だからです[12]．

最後に，いわゆる「知識人」と称される人々の心の中に根強く存在する（と私には思われる），「大衆」が社会的意思決定の主役となる「衆愚政治」（この言葉はよい印象を与えませんが我慢してください）を危惧する意見に対し，私の考えを述べておきます．私は，ルソー（Rousseau 1762）の見解とは違い，社会の大多数の人々の意見，彼の言葉で言う，一般意志，が正しいとは考えていません．それどころか，ヒットラーやムソリーニのような独裁者は衆愚政治がたどり着くひとつの必然的な結果であるという主張（Ortega 1930）に同意してもよいとすら思っています．しかしだからと言って，本当の「衆愚政治」に陥る危険性をあらかじめ防止しようとは全く思いません．むしろ，「大衆」の意見をもっと政治に反映させるべきだと考えています．その結果，小党分裂を引き起こし，政局が不安定になることもあるでしょう．しかし，それは社会の人々の意思を反映しているわけですから，結構なことではないかと思います．よしんば，戦争などを引き起こした挙句，社会や人類の滅亡につながったにしても，それでもよいと思います．なぜなら，それが人間の能力でしょうし，人類もいつかは必

ず滅亡するものだからです．

　以上の理由に基づき，本書では，選挙制度研究に対する基本的立場を比例代表制に置きます．しかし，分析に当たっては，今まで概観してきた小選挙区制や大選挙区制との関係は想定しません．当選者の決め方としては，全ての人間が平等であるという立場に立つので，単純多数決を用いますが，何よりもまず，投票結果の論理的整合性が保証されることを第一とするので，考察の範囲を通常想定されている多数決に限定しません．このような方針で投票方式を分析するならば，単に民意を正確に反映するだけでなく，自分の投票が否定された投票者をも納得させる選挙制度を作り上げることができると信じます．こう見てくると，先に引用したオルテガの「選挙の手続き」とは「集計結果が論理的整合性を常に保証する投票方式」と理解してよいでしょう．

　それでは，本書の主題に入ることにしましょう．

1章

選挙制度は投票方式が命

　選挙制度改革は常に古くて新しい問題です．国会や議員の日頃の動きにちょっと気をつけて見ていると，選挙制度の変更とか修正がいつも話題になっていることが分かります．でも，私には国会議員や政党はいつも自分の都合だけでしかものを言っていないように見えるのですが，皆さんはどう感じておられるでしょうか．(1) 議員や政党にとって，選挙制度は自分たちの存立基盤です．この自分たちをコントロールする制度の変更や修正を自分たちで行うわけですから，そもそも改革などと評価できるような変更など期待するのがおかしい，という意見もあります．時折，抜本的改革が叫ばれたりしますが，いつも結果は議員定数の「5増6減」的な提案で，とても改革とは言いがたい修正に終わってしまいます．それでも，何もしないよりはましだ，と評価することはできます．選挙制度の改革には非常に時間がかかりそうです．

　ところで，わが国で実際に行われる選挙制度の変更・修正とは，基本的に，議員定数の削減，選挙区割りの変更，あるいは，根拠が不明

確な,比例代表制と多数代表制の折衷案に終始し,有権者の投票権に関する議論が行われないという特徴があります.⁽²⁾

議員定数の増加は,議論している議員たちに直接マイナスの影響があるわけではありませんから,合意を得やすい問題です.これに対して,定数削減,選挙区割りの変更,あるいは,選挙区制の変更といった問題は,議論している議員の何人かが確実に直接の影響を受け,場合によっては次の選挙で落選する可能性が出てくるわけですから,合意がなかなか得られないことは明らかです.こうして,選挙制度が修正される場合は,大抵,(1)少数の弱い者の犠牲と引き換えか,(2)(その変更で利益を得る人がいるにしても)少なくとも誰も損をしない場合となってしまいます.

(1)は不利になる少数派を多数決で強引に押しきってしまう方法です.(2)の場合はちょっと複雑です.選挙制度に限らず,一般に制度の変更・修正とは,現行制度と新しい制度のどちらがよいかという判断を伴います.現行制度の運用はすでに慣れているのであまり問題なく効率的に行えますが,新しい制度の運用はその準備・整備から始まるので,通常,多くの時間と費用がかかります.したがって,現状を新しい制度に替えるという決断をするには,新しい制度の方が現状より明らかに良いと認識されなければなりません.こう考えると,現行制度と新しい制度の比較において,誰もどちらが有利とも不利とも感じないならば,わざわざ時間と費用をかけて新しい制度に移行する必要性は感じられないでしょう.つまり,現行制度のままということになります.実際問題として「現状」を変えるということは非常に難しいということがお分かりでしょう.要するに,(2)は「現行制度から新しい制度に移行するに当たって,誰も不利と考えず,少なくとも一人は有利と考える」という言い方の方が正確でしょう.⁽³⁾この考え方は,一見,もっ

ともらしい判断基準です．しかし，三人集まれば派閥ができるというのが人間社会ですから，この基準が社会で満たされるなどということはちょっと考えられません．この点は皆さんも同意してくれるでしょう．でも，国会での審議を見ていると，議員定数の見直しなどにはこの(2)の考え方が当てはまりやすいのかもしれません．もっとも，安易にこの基準を用いると，結果として議員の数が増え続けるということになってしまうでしょう．このような，既得権益が絡む現実の選挙制度改革論議の中からは，選挙制度を学問的・理論的に検討し，その結果を現実の制度に反映させようなどという動きが出てきそうもないのは当たり前と言ってよいでしょう．しかし，ここが最も重要なところで，改革論議ではまず最初に議論されなければならないところです．なぜなら，先に述べたように，世の中で採用されている殆どの選挙制度は，その投票方式において様々な構造的欠陥を持っているからです．本書では，構造的欠陥のない，つまり論理的に整合性のとれた投票方式を用いた選挙制度を提案しますが，その前に，まず，後の分析に備えて現在の投票方式の抱える様々な問題点を指摘しておきましょう．

　ここで，先に進む前に，あらかじめ用語上の注意をしておきます．次節以降では，「有権者」と「投票者」という用語が頻繁に出てきます．まえがきに記したように，選挙人を，選挙制度一般を論じる場合には「有権者」，投票に関わる場合には「投票者」と区別しています．このように区別する理由は，本書で扱う問題の焦点が，有権者全体ではなく，その内で実際に投票を行う人（＝投票者）に関係しているからです．しかし，両者の区別はかなり曖昧です．したがって，この区別がわずらわしく感じられる読者は，有権者を投票者と読み替えてください．そのようにしても議論の本質は全く変わりません．

1.1 問題の多い現在の投票方式

民主的社会では，いかに民意が選挙結果に忠実に反映されるかがカギですから，どのような選挙制度を採用するかは，社会にとって重大な問題です．その選挙制度の中でも最も重要なのは，どのような投票方式を採用するかという点です．なぜなら，投票方式如何で民意の反映の程度が変わるだけでなく，当選者自体も変わる可能性があるからです．そこで，まず，投票方式を検討することにしましょう．投票方式に関して，実際の問題点は，次の3点に要約されるでしょう．

(1) 1票の重さの不平等

(2) 投票率の低下

(3) 投票結果の信憑性

1.1.1 何故一人1票？

通常，選挙において各有権者は1票の投票権を与えられます．何故1票なのかという質問には，とりあえず，有権者全員を平等と考えるからだと答えておきましょう．しかし，それだけでは「何故1票しかないのか」という疑問には答えていません．有権者全員が2票持っていたり，3票持っていたりしても構わないじゃありませんか．実際，わが国でも，第二次世界大戦後，複数票を投じることが許された選挙を行ったことがあります．その後，一人複数票の投票権が認められなくなってしまったのは，投票の集計の面倒さが大きな要因だったのではないかと想像しております．

有権者の中には，立候補者間に甲乙つけ難く，できれば両方に投票したいという人もいるでしょう．それならば，それを認める方が，無理やり一人に限定するよりも，より民主的で柔軟な投票方式と言える

のではないでしょうか．現在では，コンピュータ技術，IT技術の発達・普及で電子投票なども実際に行われるようになりましたから，一人何票投票しようが集計の面倒さは解消できます．しかし，今まではこの面倒さに伴う時間と経費は膨大なものになったはずです．よい例が，オーストラリアの優先順位付け投票制と呼ばれる選挙制度です．オーストラリアでは小選挙区制を採用していますが，投票者は立候補者全員に優先順位をつけた投票を行わなくてはなりません．集計は，まず，第一位の票について行います．過半数を獲得した候補者がいれば，その人が当選し，選挙は終了します．過半数の票を獲得した候補者がいない場合は最下位の候補者を落選とし，この候補者を第一位とした票において，第二順位の候補者を調べ，該当する候補者にこの票を加えます．そこで過半数に達した候補者があれば，その人が当選となります．そうでないときは，再び，最下位の候補者を落選とし，先と同じように，その候補者に投票した票を第二順位の候補者に加えます．このような操作を，過半数を超える候補者が出てくるまで繰り返します．このような複雑な選挙制度を採用するオーストラリアという国は，フライング・ドクターといって飛行機で医者が病人のいるところへ出向くという制度を持つ極めて広大な国であるにもかかわらず，有権者には棄権が認められておりません．したがって，オーストラリアでは選挙結果が確定するまでに数週間もかかるときがあります．このために費やす費用が膨大なものになるだろうということは誰にでもすぐにわかるでしょう．このため，オーストラリアでは，数年以内に，現在の有権者が投票所に出かけるという選挙方式をコンピュータ・ネットワークとIT技術を利用した在宅投票システムに切り換えるという計画を持っています．これが実現すれば，オーストラリア政府が自慢するように，世界で最も進んだ選挙制度となることでしょう．

先に述べたように，有権者の投票権が全員1票でなければならないかどうかという問題については，平等をどのように捉えるかという見地から，もっと根源的で難しい問題があります．この点については後で論じることにして，ここでは先に挙げた3つの問題について考えることにしましょう．

1.1.2　1票の重さの不平等

これは1票の格差としてよく問題になる点です．簡単に言えば，選挙区間で有権者の持つ1票のウェイトが極端に異なる場合です．たとえば，小選挙区制（1選挙区1人当選）の下で，選挙区Aの有権者が500万人，選挙区Bの有権者が50万人いるとしましょう．すぐに分かるように，選挙区Aの投票者の投票のウェイトは10人で選挙区Bの投票者1人の投票に匹敵することになります．つまり，選挙区Aの有権者の投票の価値は選挙区Bの有権者の投票の10分の1しかないということです．このような1票の大きな格差は，日本国憲法第14条「法の下の平等」の原則に反するという意見が強く，近年しばしば裁判で争われています．国会もこのような意見を無視することができず，最近，国会議員選挙が近づくたびに，若干のというか，はっきり言って当たり障りのない程度の定数の見直しとか選挙区割りの変更，あるいは比例代表制との抱き合わせ制度の導入が行われていることは皆さんもよくご存知でしょう．このような状態が起こる背景には次のような理由があります．

社会の変化につれ人口動態が変化します．たとえば，経済発展に伴い，地方の人々が職を求めて都市部に移り住んできます．人口の都市集中化現象ですが，このような状況が長く続くと，地方の過疎化と都市の過密化が進み，有権者数が選挙区間で大きく異なってきます．そ

れにもかかわらず，選挙区割りや定数に何の変更もなければ，選挙区間で1票の重さに差が生じます．これは，有権者の平等性の原則に反することになりますから，選挙区間での1票の重さをできるだけ均等にするような選挙区割りや定数の変更が必要になります．

1.1.3 投票率の低下

一般的な法解釈として，選挙権には権利と義務の二重の性質があるとされ，選挙権を持つ有権者はこれを直接行使し，他人に移譲できないものとされています．したがって，ベルギーやオーストラリアのように，棄権者には罰則が科されるという制度を持つ国もあります．このような棄権に対する罰則規定のないわが国では，投票率の低下が深刻な問題になっています．あまりにも投票率が低下すれば，当選者が民意を代表しているとは認めがたくなってしまうからです．[6]

投票率の低下はよく理解できます．平和が続き，経済的に豊かになれば，投票に出かけるよりもずっと楽しいことが他にいくらでもあります．自分の1票のウェイトなど所詮取るに足らないものだから，自分が投票しなくたって大勢に影響はない，と考えても何ら不自然ではありません．こんなことのために，休日にわざわざ投票所まで出かけなくてはならないなんて馬鹿馬鹿しいと感じる人も多いでしょう．特に雨が降っていたりすると，投票に出かける気力が大幅に減退してしまいます．また，議会での論戦や政治活動に絡むさまざまなスキャンダルを目の当たりにして失望し，棄権するという気持ちも，多くの人々は理解できるのではないでしょうか．

投票率の低下を防ぐには，議員や政党にも人々を真に惹きつける努力をしてもらわなければなりませんが，結局は，各有権者が選挙を自分自身の問題と自覚し，選挙に対し，常に強い関心と参加意識を持つ

以外にはないのではないでしょうか．そのためには，教育機関や公的機関が選挙の重要性や意味を常に国民に訴え続ける努力が必要になるでしょうし，それでも駄目なら，オーストラリアやベルギーのように，投票を有権者が実行しなければならない義務として，棄権者に対して罰金を課すなどの法的罰則規定を設けるより方法がないかもしれません．

しかし，さし当たっては，投票行為自体を魅力あるものにする直接的な努力が重要でしょう．この方面では最新の科学技術を積極的に利用する必要があります．トータル・システムとしての選挙制度，すなわち，多くの有権者が気軽かつ簡単に投票できるだけでなく，正確かつ迅速に投票を集計し，集計結果に曖昧さを残さない選挙制度は，今日のコンピュータやネットワーク・システムの技術を積極的に利用することで構築可能になります．有権者の立場からみると，最大の関心事は，投票所の投票箱に代わって用いられる投票端末機の操作性およびその設置場所でしょう．今日の端末は，キー入力にせよタッチ式入力にせよ，利用者の大多数を占める健常者を中心に考えられています．このような端末は，高齢者や身体障害者には結構扱いにくいものです．投票に用いられる端末の場合は，特に，このようなハンディキャップを持っている人々でも簡単に操作できる端末にすることが重要でしょう．投票の場所は，利用者の利便性からみて，どこからでも投票できるということがポイントになるでしょう．大部分の人にとっては，自宅で投票がすませられるシステムが究極的なシステムでしょう．第5章では，このような線に沿って，在宅投票システムを検討してみます．

1.1.4 投票結果の信憑性

実際の選挙の開票においては，僅差の接戦となり，票の集計をやり

直すことが稀にあります．すると，奇妙なことに，集計結果が最初の場合と異なっていたりすることが結構あります．大差がついている場合には，集計ミスが少々あったとしても大勢に影響を与えませんが，僅差の場合は重大な問題になります．投票結果の信憑性といった場合，多くの人が考えるのはこのような問題ではないでしょうか[7]．しかし，この種の問題はたいした問題ではありません．これからは人手ではなく，IT技術を利用した電子集計に替わっていきますから，集計ミスのような問題は近い将来完全に消滅してしまうでしょう．

ここで私が取り上げる問題は，どのような投票方式と集計方式が，民意をより正確に反映し，かつ，当選者の正統性が保証されるかというものです．正統性の根拠は，集計された投票結果，すなわち多数決の結果，の内部に論理的矛盾がないということです[8]．ここでは，多数決がもたらす代表的な論理的矛盾を簡単な例を用いて説明しましょう．

1.2 多数決の奇妙な結論

今，11人のグループ $\{a, b, c, d, e, f, g, h, i, j, k\}$ が投票で3人の候補者 $\{x, y, z\}$ の中から1人を選ぶ選挙を考えてみます．多数決をとったところ，x, y, zがそれぞれ5票，4票，2票獲得したとします．（以後，$x = 5$, $y = 4$, $z = 2$ と記すことにします．また，$x > y$ はxの方がyよりも明らかによい場合を意味します．）この場合，獲得投票数が最大のxが当選となります．これは，世間で一般に行われている投票方式ですね．さて，xは本当に正しい当選者と言えるのでしょうか．xの獲得投票数5は総投票数11の過半数に達していませんから，この選挙結果はこのグループの意思を代表しているとは言えないと論じることもできます[9]．しかし，もっと重要だと思われるのは，この多数決投票では，投票者の投票行動に対しこれ以上の情報が全くないので，果たし

てこの結果が本当に民意を正しく反映しているのかどうか確認できないという点です．そこで，この選挙での投票行動にもう少し詳しい情報を入れて結果がどうなるかを見てみることにしましょう．

1.2.1 投票の逆理

この例で，各投票者に，オーストラリアの選挙のように，1位だけでなく，2位，3位も明らかになるように，候補者間に順位を付けてもらったところ，表1.1のようになったとしましょう．

多数決ではこの表の順位1のところだけを集計すればよく，結果は先ほどと同じであることに注意してください．ここで，候補者を2人ずつ選び出し，投票者がどちらを選んでいるかを調べてみましょう．まず，xとyを比べると，yよりもxの方が良いとする投票者がa, b, c, d, e, j, kの7人なのに対し，xよりもyの方が良いとする投票者はf, g, h, iの4人（x：y＝7：4）でxの方がyよりも良いと判断（x＞y）されていることが分かります．同様にして，yとzを比べると，

表1.1　順位付け投票1

立候補者 投票者	x	y	z
a	1	2	3
b	1	2	3
c	1	2	3
d	1	2	3
e	1	2	3
f	3	1	2
g	3	1	2
h	3	1	2
i	3	1	2
j	2	3	1
k	2	3	1

y：z ＝ 9：2 で y＞z となります．x＞y かつ y＞z ですから，当然，x＞z だと予想されるでしょうが，念のためにチェックしてみましょう．すると，実際には x：z ＝ 5：6 で，z＞x であることが分かりました．つまり，候補者を 2 人ずつ比較した場合は，x＞y＞z＞x……となり，順位が堂々巡りをしてしまいます．これでは誰が当選者か分からなくなってしまいます．このような状態を投票の逆理（ボーティング・パラドックス）と言います．投票の逆理が広く知られるようになったのはアロー（Arrow 1963）やブラック（Black 1948）らの研究によってですが，この問題は既に18世紀後半にコンドルセが気づいており，さらに19世紀後半には「不思議の国のアリス」の作者として有名なルイス・キャロル（本名ドジソン（Dodgson 1876））やナンソン（Nanson 1882）などによって検討が加えられています．

1.2.2　総得点方式

もう一つ，別の方法，総得点方式を試してみましょう．これは，各順位毎に得点を与え，候補者毎に得点を集計し，その多寡によって当選者を決める方法で，その考案者の名前を取って，ボルダ・ルール（Borda 1781）とも呼ばれます．先の例で，1位，2位，3位にそれぞれ 2点，1点，0点を与えるとしましょう．すると，表1.1は次のようになります．もちろん，総得点の最も高い人が当選者になります．

この表から分かるように，有権者の投票行動は全く変わらないのに，今度は (x ではなくて) y が当選者になります．以上三つのケースから，同じ投票であっても，集計方法によって当選者が変わってしまうことがあることがお分かりになったでしょう．特に，総得点方式の場合，得点の与え方を変えることによって当選者がくるくる変わり得るということはすぐに分かるでしょう．この方式はいろいろなスポーツでよ

表1.2　総得点方式による投票結果1

投票者＼立候補者	x	y	z
a	2	1	0
b	2	1	0
c	2	1	0
d	2	1	0
e	2	1	0
f	0	2	1
g	0	2	1
h	0	2	1
i	0	2	1
j	1	0	2
k	1	0	2
総得点	12	13	8

く用いられています.[(10)]

1.2.3　泡沫候補の影響

　さて，ここでwが立候補したために立候補者が4人になり，その時の投票結果が次の表1.3になったとしましょう．

　まず，多数決で見ると，x＝3，y＝4，z＝w＝2で，yが当選者になります．さて，この表ではwの順位が他の候補者の順位の間に割り込んでいますが，x, y, z間の順位関係は表1.1と変わらない点に注意してください．つまり，x, y, zの間では投票の逆理（x＞y＞z＞x……）が維持されています．wとその他の立候補者の関係を見ていくと，x：w＝8：3，y：w＝6：5，z：w＝6：5で，x＞w, y＞w, z＞wであることが分かります．これによって，wはx, y, zのいずれにも破れ，最下位であることが判明します．しかし，x, y, zの間には投票の逆理が成り立っていますから，やはり，誰を当選者とすれ

表1.3 順位付け投票2

投票者＼立候補者	x	y	z	w
a	1	3	4	2
b	1	2	4	3
c	1	2	4	3
d	2	3	4	1
e	2	3	4	1
f	3	1	2	4
g	3	1	2	4
h	3	1	2	4
i	3	1	2	4
j	2	4	1	3
k	3	4	1	2

ば良いのか分かりませんね．これに，1位＝3点，2位＝2点，3位＝1点，4位＝0点として総得点方式を当てはめてみましょう．すると次の表1.4が得られます．

今度は，最高点20点を獲得したxが当選者となります．ところで，

表1.4 総得点方式による投票結果2

投票者＼立候補者	x	y	z	w
a	3	1	0	2
b	3	2	0	1
c	3	2	0	1
d	2	1	0	3
e	2	1	0	3
f	1	3	2	0
g	1	3	2	0
h	1	3	2	0
i	1	3	2	0
j	2	0	3	1
k	1	0	3	2
総得点	20	19	14	13

wは以上のいずれの場合も最下位ですから、泡沫候補です。しかし、今までの説明からお分かりのように、泡沫候補が出るか出ないかで当選者が替ってしまうことがあるのです。泡沫候補だからと言ってあなどれないでしょう。

以上のケースから、同じ投票であっても、集計方法によって当選者が替わってしまうことがあることがお分かりになったでしょう。

1.3 票の集計方法いろいろ

各投票者が順位付けした投票を集計する方法には大きく分けて基数的集計方法と序数的集計方法の二つがあります。基数的集計方法とは各順位に具体的な値を与える方式です。たとえば、3人の候補者に対し、各投票者は1位には2点、2位には1点、3位には0点を与え、各候補者の得点を合計し、最も多くの得点を獲得した候補者を当選としていく方式です。これが先に紹介したボルダ・ルール（総得点方式）です。これに対して、序数的集計方法とは、候補者間の良し悪しだけを問題にし、基数的集計方法のようにどの程度良いか悪いかは問題にしません。この集計法には、大別して、全候補者からなる集合の中から空集合を除く全ての部分集合について最も良い候補者を選び、その結果を論理的につなげていってその選挙区の投票者全体の総意としての候補者の順位を決定する方法と、投票の逆理の例で見たように、候補者を2人ずつ選び出し、それに対する投票者の相対的良し悪しを調べるという操作を繰り返し、得られた関係を論理的につなげていって候補者全員の順位を確定する方法の二通りがあります。論理的整合性という点からいえば、本書で扱う単純多数決に基づく投票方式では両者の間に違いはありません。

本書では基数的集計方法は採用しません。その理由は、投票者の各

候補者に対する評価を具体的な数値に置き換えるという操作には全ての人を納得させる根拠がないからです．確かに，ある投票者は，先の例のように，1点ずつの差で候補者を評価するかも知れませんが，別の投票者は2点ずつ差を付けるのが適当と感じるかも知れません．さらに，別の投票者は，1位と2位の差は1点だが，2位と3位の差は5点が適当と考え，4位以下の候補者に関してはそもそも評価に値しないと感じているかも知れません．このように，基数的評価は人や考え方によってさまざまであり，それぞれそれなりの根拠はあっても全ての人が納得できる方式はありません．また，仮にある基数的集計法を採用したとしても，評価基準が投票者によってまちまちである以上，各投票者の候補者に対する評価値を単純に集計するのも大いに疑問がわきます．そこで，本書では序数的集計方法を採用し，候補者を2人ずつ選び出して比較してみることにします．

ここで一つ注意しておきましょう．候補者間の優劣が数値で明瞭に示される基数的順位付けは同時に序数的順位付けでもあります．投票の逆理というのは，全候補者を優劣の順に従って一列に並べることができないという意味で，解答が存在しないということですから，基数的順位付けよりも広い概念の序数的順位付けでこれが発生する以上，基数的順位付けでも投票の逆理が生じることは容易に理解されるでしょう．すぐに分かるように，序数的順位付は候補者間の優劣を具体的な数値では示さないので基数的順位付けにはなりません．すなわち，基数的順位付けは同時に序数的順位付けでもありますが，逆は成り立ちません．

1.4　選挙制度改革の狙い

今までの説明から，現在の選挙制度における一人1票方式の結果を

そのまま鵜呑みにしていると，知らず知らずのうちに，本来当選していないはずの候補者を当選者として受け入れている場合があるかもしれないということがお分かりになったでしょう．ちょっと危ないとは思いませんか．次章以降では，ここで説明してきたような不都合が発生しない投票方式を理論と実際の技術の両面から検討し，実際に用いることができる選挙制度を提案します．

　選挙制度の改革というと，先に挙げた三つのポイントのうち，従来は(1) 1票の重さの不平等と(2)投票率の低下が論議されてきましたが，本書では，(3)投票結果の信憑性を中心に論じ，併せて(2)投票率の低下に言及します．(1) 1票の重さの不平等は，直接論じませんが，第6章で論じるトータル・システムとしての選挙制度の中で扱います．まず，各ポイントを取りまく現在の状況を見ることにしましょう．

1.4.1 難しい1票の格差是正

　1票の重さの不平等，すなわち1票の格差の問題は，現実には議員定数の増減や選挙区割りの変更として，しばしば扱われてきています．本当に1票の格差をなくしたいのならば，選挙の度に，前もって，議員定数の増減および有権者数に応じた選挙区再編を行う必要があります．この点で注目すべきは，選挙区再編の基準を，現行の人口の代わりに有権者数を用いるとするアイデアです（加藤 2003）．実際には人口でも有権者数でもそれほど違いは生じないと思われますが，人口は10年ごとに行われる国勢調査に基づくのに対し，有権者数は常に把握されており，いつでも利用できるという利点があります．それに，選挙ですから，有権者数を選挙区再編の基準にするというのは説得性があります．さらに，選挙区再編を総選挙の直後に行うというのは，最大の抵抗勢力である議員の心理状態にも配慮しており，現実的で有望

な案と思われます.しかし,それにしても,実際問題として,多くの選挙区では,立候補者と有権者の間に強い特別な人間関係がみられるので,とりわけ議員定数の削減および柔軟かつ機械的な選挙区再編は極めて難しいでしょう.このような極めて深刻な利害関係を持ちながら,しかも自分の資格・身分を自分で規制しなければならないという問題は,本来,機械的なルールに任せるのが一番良いのですが,そのための理論的に優れた方式があるにしても,それを現実に用いることは極めて難しく,実際には,現行の定数や選挙区割りを少しずつ修正し続けていくより他に方法はないだろうと思われます.このように,この問題は,極めてセンシティブな政治的問題だということの他に,本書における関心からは外れるという理由で,本書では直接扱いません.ただし,この問題をある程度解決するために,(2)と(3)に関する分析結果に基づき,定数変動型選挙制度という当選者の数を固定しない制度を第6章で提案しています.

1.4.2 投票率低下をどう防ぐか

投票率を向上させる手段として,最近のIT技術の進歩,とりわけ,インターネットに代表されるコンピュータ・ネットワーク・システムの急激な拡大・普及に着目し,究極的な電子投票システムの具体像を検討します.従来の投票所をターミナル化し,それらをコンピュータ・ネットワークに組み込むという方向での投票制度のシステム化は,わが国も含め,多くの国々で,実用実験段階ないし実用段階に入ってきています.現在の電子投票システムは行政側にとっては極めて大きなコストと時間の削減を実現するので非常に魅力的ですが,投票者にしてみれば,今まで意中の候補者の名前を実際に自分で書いていたのが画面上でタッチすることに変わる以外にはさしたるメリットがなく,

殆ど魅力がありません．有権者にとって，選挙で最も面倒なこと，それゆえに，投票率を引き下げている最大の要因は，有権者が投票所まで出向かなければならないことです．この点から見る限り，現在導入が考えられている電子投票システムは投票率向上には余り寄与しないだろうということです．本書では第5章で，現在の電子投票システムをさらに推し進め，在宅投票システムの可能性を探ります．このシステムは，自宅や外出先など，どこからでも投票できるので，有権者にも大きなメリットがあります．究極の投票システムと言っていいでしょう．その意味で，現在考えられている電子投票システムは過渡的なものと位置付けることができます．在宅投票システムが導入されれば，投票の仕方が一変するだけでなく，選挙制度も大幅に変わり，ひいては議員や議会のあり方，政治の手法も大きく変わることでしょう．

1.4.3 チェックされない当選者の正統性

当選者の信憑性に関する学問的探究と投票方式，およびその実施に関しては，政治家，政治評論家，政治学研究者を中心とする現実の選挙制度改革の議論では，殆ど全くといってよい程検討されていないように見えます．こう言うと，皆さんの中には，小選挙区制か中選挙区制かという議論は投票方式を論じているのではないか，と言う人がいるでしょう．しかし，このような議論は先に例示したような投票方式が構造的に持つ本質的問題に気づいていないうわべだけの議論にすぎません．第2章でくわしく説明しますが，現在の一人1票という投票方式では，小選挙区制だろうが大選挙区制（中選挙区制を含む）だろうが，投票の逆理が生じたり，泡沫候補が出馬するかしないかで当選者が変わるといった構造的欠陥を持っています．小選挙区制か中選挙区制かといったような従来の論議は，私に言わせれば，最初から欠陥

車をそうとは知らずに買うようなものです．買う前にボンネットを開けて簡単な点検をしてみれば欠陥車だということがすぐに分かるのに，それもしないで買ってしまったために，運転し出してからあちこちに不都合があるということに気が付いていらいらする，といったところでしょうか．だからと言って，すぐに新車に買い換える金もないので，だましだましながら，不承不承乗り続けるということになります．

実は，このような構造的欠陥を持たない多数決方式についての研究は，稲田献一氏が1960年代に『エコノメトリカ』誌に発表した二つの論文で，理論的にはすでに結論が出ています（Inada 1964, 1969）．そこから実際に利用可能な投票の仕方を導き出すのが本書の目的ですが，これに関してはまだ殆ど研究が行われていません．本書では，「失意の投票者」という概念を導入して，実際の選挙に利用できる投票方式を第3, 4章で検討します．

1.4.4 将来の選挙制度

第6章は本書のまとめをかねた結論で，電子投票システムとしては在宅投票システムが，実際の投票の仕方としては二分型投票方式が，民意を投票結果に反映させるという意味では大選挙区制が提案されます．さらに，選挙で最も重要なことは，民意を投票結果に正確に反映させることだということに注意し，今後の検討の課題として，定数変動型選挙制度というアイデアを出しています．

ところで，本書の内容を正確に理解していただくためには，「平等」の概念に注意を払っていただく必要があります．この点を簡単にまとめることでこの章を締めくくることにしましょう．

1.5 「平等」をどう考えるか

1.5.1 比例的平等と無差別的平等

先程私は「選挙の際の投票権は何故各投票者1票なのか」という疑問を出し，自分で「人々は皆平等だから」とだけ答えておきましたが，この解答に釈然としない思いを持ったままの人もいることでしょう．私自身この解答で充分だと思っているわけではありません．わが国の現行政治体制における選挙制度では，万人あまねく一人1票とされていますが，別の分野を見ると，全く異なる選挙制度を採用している例を簡単に見つけ出すことができます．たとえば，企業の株主総会を眺めてみましょう．そこに参加することを認められている株主には，所有する株式の数，すなわちその企業に出資している金額の多寡に比例した投票権が与えられています[14]．大株主にしてみれば，「俺はこんなに多くの金をこの会社に出しているのだから，俺の言い分もそれに見合うだけ聞いてもらうのは当たり前だ．」ということでしょう．彼にとっては，100万株所有している自分とたかだか1000株しか所有していない株主を同じように扱われては不公平（＝不平等）だというわけです．このような人物にとってみれば，「その能力に応じた権利を与えられる」のが平等だということになります．このような平等観を「比例的平等」と呼ぶことができるでしょう．これに対し，議員選挙の場合の誰でも一人1票といった平等観は「無差別的平等」と言えましょう．このように，私達の考える平等の概念は，大きく「比例的平等」と「無差別的平等」に大別されると私は考えております[15]．分かりやすい例で説明すると，年功序列賃金は「無差別的平等」，能力別賃金は「比例的平等」となります．どちらも一理あり，一方が正しく，他方が誤りであるとは言えないことは明らかでしょう．しかしながら，世の

中で行われている論議を「平等」という立場から見ると、その多くが、「無差別的平等観」に立つ人は、自分の意見こそが平等であり、「比例的平等観」に立つ人の意見を不平等と批判し、後者の立場に立つ人も、自分こそが平等で、前者の立場の人の見解を不平等と難詰しているように見うけられます。こう感じるのは私だけでしょうか。

選挙制度・投票制度における平等とは、有権者の投票権に関わるもので、一般には、「無差別的平等」が支配しているように思われがちですが、そうでもありません。わが国でも第二次世界大戦前には、婦人に選挙権はありませんでしたし、納税額の多寡に応じて選挙権が与えられたり与えられなかったりする制度を採用していた時代もありました。スイスのように直接民主制で知られる国でも、婦人の参政権が認められたのは意外と遅く、1971年でした。しかも、実際にスイス全域で婦人の参政権が認められるようになったのは1993年でした。また、国連安全保障理事会の常任理事国のように、いかなる議題でも、自分が嫌なら拒否権を発動して成立させないことができるという、およそその他の国の投票権とは比較にならないほど大きな力を持つ投票権の存在を認めている制度もあります。こう見てくると、選挙の際に投票権が一人1票でなければならない根拠はどうもなさそうだということが分かります。もちろん、投票権を一人一律2票とか3票に固定しなければならないという理由もありません。この点は、この後に続く本書の分析では重要なので記憶に留めておいてください。[16]

1.5.2 アローの一般可能性定理

ところで、上に述べた平等観がどちらも絶対ではないが間違っているわけでもないことを裏付ける根拠がもう一つあります。それは、アローの一般可能性定理です。その結論をここでの文脈に合わせて言い

かえれば，「誰でも，どんな平等観であろうとも，一旦それを絶対なものとしてしまったら，その人物は独裁者になろうとしているのと同じことだ」ということです．多くの人は数学的な定理の証明など現実には当てはまらないと思っているようですが，このアローの一般可能性定理は，その理論的枠組が現実にも妥当するように極めて緩く作ってあり，しかも非存在の証明，すなわち，議論している枠組の中では解答が絶対に得られないことを示す証明なので，この枠組が満たされる状況が現実に生じた場合，人間がどんなに努力してもその結論を否定することができない，すなわち，解決策を見つけ出すことができないのです．

　分かりやすく説明しましょう．証明は存在証明と非存在証明に分けられます．存在証明とは，基本的に，与えられた条件全てを満たす解答が一つでも得られればそれで証明は終わりです．結果の普遍性は特に求められませんが，論理的必然性として普遍的証明である場合もあります．与えられた枠組の中で課された条件全てを満足し，用いられる論理に従えば必ずある特定の結論に到達するという証明で，自然科学，とりわけ物理・化学の分野における証明の多くがこれに該当します．しかし，社会科学の場合は，分析対象が人間の行動なので，存在証明の結論がそのまま普遍的には当てはまりません．なぜなら，人間には学習能力があるからです．たとえば，ある経済状況を想定してみましょう．この状況下で，利益を受ける人もいれば損失を被る人もいます．後日，同じ状況が再び発生したとしましょう．以前に損失を被った人は皆，再び前回と同じ行動をとるでしょうか．そんなことはないはずで，多くの人は，少なくとも前回の失敗は繰り返さないようにと，異なる行動をとるでしょう．つまり，人間行動を分析対象とする社会科学においては，状況が同じ場合でも結果は異なり得るというこ

とです.

一方,非存在証明の場合は,論理的に考えられ得る全てのケースについて,一つ一つ与えられた条件全てを満たすかどうかチェックしていき,全部調べてみたが条件全てを満たすケースが一つもなかったという証明です.したがって,定理で扱っている状況が現実に生じた場合,その結論通りになってしまい,我々がどんなにそれが気に入らなくてもどうすることもできません.[17] お分かりいただけたでしょうか.

アローの一般可能性定理は公理論的な抽象的証明のため様々に解釈することができます.たとえば,アローが定義する個人の自由(無制限の定義域)と平等(非独裁制)は私達が通常考えている自由や平等よりも論理的にずっと緩やかです.それにもかかわらず,両者が両立しないというのですから,民主的社会は実現不可能であるということを証明していると解釈することもできます.もっとも,理想的民主社会が実現不可能であるということと,現実社会を理想的民主社会にできる限り近づけようとする努力は別であるという点に注意する必要はあるでしょう.

1.5.3 平等観の理想と現実

前節でも述べたように,アローの一般可能性定理は公理論的な抽象的証明のため,様々に解釈することができます.たとえば,「世の中の人々は,誰でも常に不自由,不平等である」と解釈することもできます.[18] こういうと,「そんなことは当たり前だ.容姿,性別,性格,才能,努力,環境,生まれ,運不運など全て全く同じ人などこの世にいるわけがないじゃないか」と反論されるかもしれません.私もそうだと思います.だとすると,「無差別的平等観」というのは現実的に追い求める平等観というよりもむしろ「理想的理念としての平等観」といった

方が良いのではないでしょうか．誰も達成不可能なことを充分理解しているが，遠い理想としてできる限り近づくべき目標として掲げるのが「無差別的平等観」ではないでしょうか．これに対して，「比例的平等観」には現実世界における人間のどろどろとした欲望がまとわりついているように見えます．多くの人は「比例的平等観」に凝り固まっている人を見ると辟易してしまうのではないでしょうか．だからと言ってこの平等観に良い面が全くないという訳でもありません．我々の社会生活をより豊かにするのは「無差別的平等観」よりも，むしろ，「比例的平等観」の方だとも言えます．経済学でいう「自由競争」という考え方はその典型的な例でしょう．この「自由競争」によって社会の豊かさと効率性が促進されてきたことは紛れもない事実です．もっとも，これもやりすぎると社会は住みづらくなりますが……．平凡な言い方になってしまいますが，要するに，私たちはこの二つの平等観の間でうまくバランスをとる必要があるということです．だとすれば，本書で扱う政治体制における選挙制度においても，「投票権は各有権者1票でなければならない」という「無差別的平等観」をあくまで固持する必要性はないということになるでしょう．

2章

理想的な投票方式を求めて[(1)]

　前章では，選挙において投票を集計したときに発生する可能性のある様々な問題点を例で示しました．これらは，投票の仕方，つまり単純多数決が持つ欠陥です．本章では，単純多数決方式の中で，このような欠陥が生じない投票方式を理論と実際の使い易さの面から検討してみます．

　前章で例示したような不都合が生じない投票方式とは一体どのようなものでしょう．実は，この問題は，理論的には，1960年代に稲田献一氏によって余すところなく明らかにされております (Inada 1964, 1969)．本章では，この稲田献一氏の研究成果に従い，世の中で実際に使える多数決とはどのような投票方式であるかを明らかにします．

　ここで一つ注意しておきましょう．前章で例示した投票の逆理の説明から理解されるように，集計された投票結果の内部に論理的矛盾が生じる可能性があるのは候補者が3人以上の場合です．候補者が1人

ならば,その人を選ぶより仕方がないので,そもそも選挙など不要です.実際の選挙でも無投票で選出されますね.候補者が2人の場合は,より多くの票を集めた者が必然的に過半数を獲得し,もう一方の候補者は過半数に達し得ないので,両者の優劣関係に論理的矛盾は起こりません.この場合は現在の一人1票方式がよく,一人複数票方式はかえって選挙結果を不明瞭にしてしまう可能性があります.たとえば,候補者2人の選挙に対して有権者に2票の投票権を与えた場合,全員が2票投じると両候補の得票数が同じになってしまい,どちらが当選者なのか分からなくなります.もっとも,この可能性は実際には極めて低いでしょうが……. 選挙結果において投票の逆理のような問題が生じるのは候補者が3人以上の時です.これは前章での例からも容易に理解されるでしょう.したがって,ここからの議論は候補者の数を3人以上と仮定します.さらに,投票者間で意見の不一致が生じるのは,投票者が2人以上いる時であることは明らかでしょう.離れ小島にたった一人で生きているロビンソン・クルーソーのような人にとっては,自分と意見が異なり得る他人が存在しないのですから,自分の意思がすなわちその(離れ小島)社会の意思でもあり,個人の意思と社会的決定との間には何の問題も生じません.また,候補者や投票者の数がどんなに多いといっても有限であることも明らかです.

2.1 首尾一貫した単純多数決の種類

単純多数決の中で,投票の逆理のような当選者を生み出す可能性のある都合の悪い集計結果を引き起こさない投票方式は,理論的には,表2.1に示す7種類しかないことが証明されています[3].

表2.1によれば,単峰型(たんぽう),単谷型(たんこく),二グループ分離型,タブー型の各投票方式(投票方式4〜7)では投票者数が奇数であることが要求さ

表2.1 集計結果に論理的矛盾を生じさせない単純多数決方式の一覧

	投票者数＝奇数	投票者数＝偶数
1		二分型投票（Dichotomous Voting）
2		エコー型投票（Echoic Voting）
3		敵対型投票（Antagonistic Voting）
4	単峰型投票（Single-peeked Voting）	
5	単谷型投票（Single-caved Voting）	
6	二グループ分離型投票 　　　　（Two-group-separated Voting）	
7	タブー型投票（Taboo Voting）	

れます．その意味は，これらの投票方式においては，投票者数が偶数でも成立し得るが，奇数でなければ成立が保証されない，という意味です．その他の投票方式（投票方式1～3）においては奇数でも偶数でもかまいません．

この表に掲げる各投票方式において，集計結果が論理的な整合性を保つために投票者が守らなければならない条件を分かりやすく説明すると次のようになります．

まず，任意に選んだ3人の候補者，x，y，zに対して，各投票者の投票が次の条件を満たしていなければなりません．

1) $x > y$ かつ $y > z$ なら，$x > z$
2) $x > y$ かつ $y = z$ なら，$x > z$
3) $x = y$ かつ $y > z$ なら，$x > z$
4) $x = y$ かつ $y = z$ なら，$x = z$

が常に成立し，さらに，

5) 上記1）～4）の関係は（x，y，zは任意なので），この3人だけでなく，どのような3人の候補者の組み合わせに関しても常に成立しなければなりません．この論理的な関係を順序と言います．

ここで，たとえば，x > y は，x の方が y よりも明らかに良いと評価されている場合を，x = y は，x と y が同等と評価されている場合を意味します．

次に，各投票方式が満たさなければならない条件を説明します．

2.1.1 二分型投票方式

各投票者は自分の評価に従って全候補者を二つのグループに分け，同一グループ内の候補者に対しては同等の評価を行います．全候補者を同等と見なし，一つのグループとしてもかまいません．すなわち，この時各投票者が取りうるグループは，({x, y}, {z}), ({y, z}, {x}), ({x, z}, {y}), ({x, y, z}) のいずれかとなります．たとえば，x, y, z の 3 候補者に対し，投票者は，x > y = z, x = y > z, x = z > y, y > z = x, y = z > x, z > x = y, x = y = z のいずれかを取らなければなりません．

2.1.2 エコー型投票方式

3 人の候補者に明確な順位をつける投票者がいるとき，その 1 位と 3 位を逆に順位づける投票者があってはいけません．たとえば，x > y > z と投票する投票者がいる場合，z > x と投票する人があってはいけません．もっとも，x > y > z と投票する投票者がいない場合は，z > x と投票する人がいてもかまいません．

2.1.3 敵対型投票方式

3 人の候補者に明確な順位をつける投票者がいるとき，それとは全く逆の順位を付けるか，1 位と 3 位を同等とみなす投票者が必ずいなければなりません．たとえば，x > y > z と投票する人がいる場合，z

> y > x と投票する人か，x = z と投票する人が必ず存在します．

2.1.4　単峰型投票方式

まず，全投票者の間には全候補者の並べ方に関して同意が成立します．この場合，並べ方が一致すればよいだけです．並べ方の理由は関係ありません．各投票者はその共通の候補者の並べ方に対して最も高く評価する候補者を頂点とし，そこから遠ざかるに従って候補者の評価を下げ，全体として山型になる投票を行います．この時，山の峰は一つしか許されませんが，頂上に限って2人の候補者を第1位にしてもかまいません．

たとえば，投票者全員が，x - y - z という並べ方で同意したとしましょう．この時，各投票者はこの並べ方に関して山型の投票を行う必要があります．図2.1で説明しましょう．図中，縦軸は投票順位を，横軸は候補者x, y, zの並べ方を示しています．ここで許される投票は，x > y > z, x < y > z（xとzの間での評価は同順位を認めない以外は自由），x < y < z です．また，図2.1には示されていませんが，この

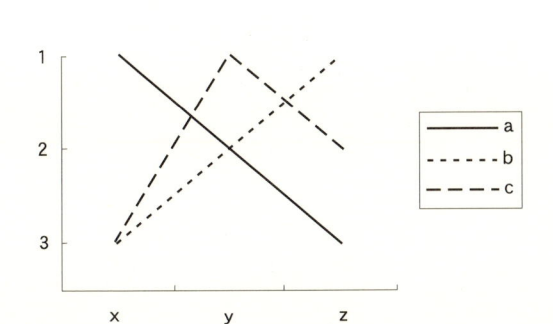

図2.1　単峰型投票

候補者の中に第1位が2人いるならば，x = y > z または x < y = z も可能です．

単峰型投票という名称は，図2.1における各投票者 (a, b, c) の投票行動からお分かりいただけるように，その投票パターンに由来します．

2.1.5 単谷型投票方式

この投票方式は単峰型投票方式を調度逆さまにした形をしています．すなわち，まず，全投票者の間には全候補者の並べ方に関して同意が成立します．各投票者はその共通の候補者の並べ方に対して最も低く評価する候補者を底とし，そこから遠ざかるにしたがって候補者の評価を上げ，全体として谷型になる投票を行います．この時，谷は一つしか許されませんが，その谷底に限って2人の候補者を最下位にしてもかまいません．たとえば，投票者全員が，x - y - z という並べ方で同意したとしましょう．この時，各投票者はこの並べ方に関して谷型の投票を行う必要があります．図2.2で説明しましょう．

図中，縦軸は投票順位を，横軸は候補者の並べ方を示しています．

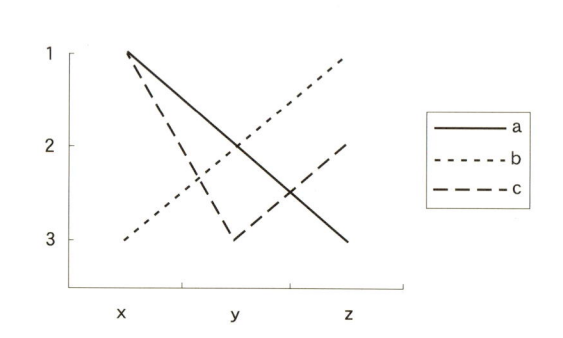

図2.2　単谷型投票

すなわち，許される投票は，x > y > z, x > y < z（xとzの間での評価は同順位を認めない以外は自由），x < y < zです．また，図には示されていませんが，候補者x, y, zの中に最下位が2人いるなら，x = y < zまたはx > y = zが可能です．単谷型投票という名称は，単峰型投票の場合と同じように，投票者の投票パターンに由来しています．

2.1.6 二グループ分離型投票方式

全候補者は二つのグループに分けられます．各投票者は，一つのグループに属する候補者に対する評価がもう一方のグループに属する候補者よりも良くなるように投票しなければなりません．たとえば，候補者が {x, y} と {z} の2グループに分けられたとしましょう．この時，許される投票の種類は，x > y > z, x = y > z, y > x > z, z > x > y, z > x = y, z > y > xです．

2.1.7 タブー型投票方式

この投票では特定の候補者間における特定の評価が禁止されており，投票者はこの禁止されている評価を避けて投票しなくてはなりません．さらに，3人以上の候補者が同等に評価されることもありません．たとえば，x, y, zの3候補者の間で，x > yという評価が禁止されているとしましょう．この時，投票者の投票可能な組み合わせは，x = y > z, y > x > z, y > x = z, y > z > x, y = z > x, z > x = y, z > y > xです．

以上の各単純多数決方式の性質・特徴を厳密かつ一般的な形で次節にまとめておきますが，形式的な議論に慣れていない読者は読み飛ばしてもかまいません．

2.1.8 理論的かつ実際的な投票方式

7種類の単純多数決方式のそれぞれについて，可能な投票形態を任意に選んだ3人の候補者（x, y, z）を例に一覧表にまとめると表2.2のようになります．

ここで，たとえば，x > y は，x の方が y よりも明らかに良いと評価されている場合を，x = y は，x と y が同等と評価されている場合を意味します．また，x = y > z は，x と y は同等だが，両者とも z よりは明らかに良いという評価を示しています．さらに，表2.2中，○は存在し得る投票パターンを，×は存在し得ない投票パターンをそれぞれ示しています．たとえば，二分型投票では，x > y > z から z > y > x までの投票パターンは存在し得ませんが，x > y = z から x = y = z までの投票パターンならどのようなものであってもかまいません．エコー型投票の場合，x > y > z という投票パターンが存在するときには，x > y > z, x > z > y, y > x > z, x > y = z, x = y > z, x = z > y, y > x = z, x = y = z なら共存可能ですが，y > z > x, z > x > y, z > y > x, y = z > x, z > x = y は共存不可能です．敵対型投票の場合，x > y > z と z > y > x という投票パターンが存在するときには，x > y > z, z > y > x, x = z > y, y > x = z, x = y = z は共存可能ですが，その他の投票パターンは共存できません．単峰型投票および単谷型投票の場合，x - y - z は投票者全員が合意した候補者の並べ方を意味します．それぞれの並べ方に対して，○印の付いた投票パターンが成立可能，×印の付いた投票パターンが成立不可能を意味します．●印の付いた投票パターンは，単峰型投票では頂上で，単谷型投票では谷底で，それぞれ可能な投票パターンを示しています．二グループ分離型投票の場合，|x,y|, |z| は，x, y のグループと z だけのグループの二

表2.2 単純多数決の種類

投票パターン→	x>y>z	x>z>y	y>x>z	y>z>x	z>x>y	z>y>x	x>y=z	x=y>z	x=z>y	y=z>x	y>x=z	z>x=y	x=y=z	注 記
二分型 x>y>z	×	○	×	×	×	×	○	○	○	○	○	○	○	
エコー型 x>z>y	○	×	○	×	×	×	○	×	○	○	×	○	○	並立可
y>x>z	×	○	×	○	×	×	○	○	×	○	○	×	○	
y>z>x	×	×	○	×	○	×	×	○	○	○	○	×	○	
z>x>y	×	×	×	○	×	○	○	×	○	○	×	○	○	
z>y>x	×	×	×	×	○	×	×	○	○	×	×	○	○	
敵対型 x>y>z,z>y>x	○	×	×	×	×	○	×	×	×	×	×	×	○	
x>z>y,y>z>x	×	○	×	○	×	×	×	×	×	×	×	×	○	
y>x>z,z>x>y	×	×	○	×	○	×	×	×	×	×	×	×	○	
単峰型 x-y-z	○	×	○	×	×	×	×	●	×	×	×	×	×	各行独立 ●＝頂上の時のみ可
x-z-y	×	○	×	×	●	×	×	×	○	●	×	○	×	
y-x-z	×	×	×	○	×	○	●	×	×	×	●	×	×	
単谷型 x-y-z	×	●	×	●	×	×	×	×	●	×	×	●	×	各行独立 ●＝谷底の時のみ可
x-z-y	●	×	×	×	×	●	●	×	×	×	●	×	×	
y-x-z	×	×	●	×	●	×	×	●	×	●	×	×	×	
2グループ分離型 [xy]|[z]	○	○	○	×	○	×	○	○	×	○	×	○	○	各行独立
[yz]|[yx]	×	×	×	○	×	○	×	×	○	○	○	×	○	
[yz]|[x]	○	○	○	○	○	○	○	○	○	○	○	○	○	
タブー型 x>y	×	×	×	×	○	○	×	×	○	○	×	○	×	並立可
x>z	×	×	×	○	×	○	×	○	×	○	○	×	×	
y>x	○	○	×	×	×	×	×	×	○	×	×	○	×	
y>z	○	×	×	×	○	×	○	×	×	×	×	×	×	
z>x	○	○	×	×	×	×	○	○	×	×	○	×	×	
z>y	×	×	○	○	×	×	○	×	○	×	×	×	×	

注：○＝存在可，×＝存在不可

つのグループに分かれていることを意味します．各行は独立で，同時に成立することはありません．たとえば，({x, y}, {z}) というグループ分けと ({x, z}, {y}) というグループ分けは同時には存在しません．単峰型投票および単谷型投票においても同様で，各行はそれぞれ独立です．タブー型投票の場合，x > y という評価が禁止されているとき，可能な投票パターンは，y > z > x, y > x > z, z > y > x, x = y > z, y > x = z, y = z > x, z > x = y だけが可能です．

表2.2において，エコー型投票方式とタブー型投票方式においては各ケースが独立に成立することに注意してください．したがって，この二つの投票方式には独立したケースが組み合わさった投票パターンがあり得ます．それらをまとめたのが表2.3と表2.4です．

これで集計結果に論理的矛盾を引き起こさない単純多数決の投票方式の全てとその条件が説明されました．

2.2　使える投票方式

ところで，実際の選挙では，有権者は自由に候補者を選んでいます．候補者の選択・評価に何らかの条件を設定し，それを有権者に強制するというようなことは今日の民主的な選挙においてはまず許されません．つまり，今まで述べてきた各投票方式の条件は自由な投票が行われた後で満足されているか否かが明らかになるものです．したがって，有権者の候補者に対する評価パターンを限定したり，特定の組み合わせしか認めないといった厳しい条件を満たさなければならない投票方式を実際の選挙に用いることには無理があります．この観点から，エコー型，敵対型，二グループ分離型，タブー型の各投票方式は本論での検討から外されます．前節での説明から容易に理解されるように，これらの方式に課されている条件が人々の自由な投票の結果として満

たされるのは極めて難しいと思われるからです.

2.2.1 二分型投票方式と自由な投票

一方，二分型投票方式の有権者に対する要求は，結局のところ，候補者を二つのグループに分けることだけで，その分け方は有権者の自由です．しかも，候補者全員を同等とみなせば，グループ分けする必要もありません．この条件は有権者にとってそれ程強くはないでしょう．したがって，この投票方式には希望が持てそうです．事実，この投票方式は，評価の方向性こそ逆になりますが，原理的には最高裁判所判事の国民審査と同じです.

ところで，読者の中には，二分型投票では有権者によって投票数が異なる点に気づいた方がいるでしょう．中には，投票の平等性という考えに反するのではないかと感じる人がいるかもしれません．しかし，そうではありません．例をあげて説明しましょう．今，立候補者が5人いるとします．各有権者は立候補者の数だけ，すなわち5票，の投票権を持っており，各有権者がそのうちのどれだけを行使するかは全く自由です．5票投じた人は，自分の権利を全て行使したことになります．しかし，この場合，権利を行使したというより，5人とも当選させてもよいとこの有権者が判断したということです．3票投じた人は2票の投票権を放棄したように見えますがそうではありません．この有権者は，当選させてもよいと思える候補者が3人しかなかったということです．したがって，この二人の有権者の間に権利の不平等が生じるのではありません．3票しか投票しなかった人は，投票権が与えられているにもかかわらず，あえて投票しなかったのです.

ブラムスとフィッシュバーン (Brams and Fishburn, 1978) は，同等と評価される候補者からなるグループがいくつか存在する投票方式を

表2.3　エコー型投票の種類

投票パターン→	x>y>z	x>z>y	y>z>x	y>x>z	z>x>y	z>y>x	x=y>z	x=z>y	y=z>x	y>x=z	z>x=y	x=y=z
x>y>z	○	○	×	×	×	×	○	×	×	○	×	○
x>z>y	○	○	×	×	×	×	○	○	×	×	×	○
×	×	×	○	×	×	×	×	×	○	○	×	○
y>x>z	○	×	×	○	×	×	○	×	×	○	×	○
z>x>y	×	×	×	×	○	×	×	×	○	×	○	○
z>y>x	×	×	○	×	○	○	×	×	○	×	○	○
{x>y>z,x>z>y}	○	○	×	×	×	×	○	○	×	○	×	○
{x>y>z,y>x>z}	○	×	×	○	×	×	○	×	×	○	×	○
{x>z>y,z>x>y}	×	○	×	×	○	×	×	○	○	×	○	○
{y>z>x,y>x>z}	×	×	○	○	×	×	×	×	×	○	×	○
{y>z>x,z>y>x}	×	×	○	×	×	○	×	×	○	×	○	○
{z>x>y,z>y>x}	×	×	○	×	○	○	×	×	○	×	○	○

表2.4　タブー型投票の種類

投票パターン→	x>y>z	x>z>y	y>z>x	y>x>z	z>x>y	z>y>x	x=y>z	x=z>y	y=z>x	y>x=z	z>x=y	x=y=z
x>y	×	×	○	×	○	×	×	×	○	○	○	×
x>z	×	×	○	×	×	×	○	×	○	○	○	×
y>x	○	×	×	×	×	×	×	○	×	×	○	×
y>z	×	○	×	×	×	×	○	○	×	○	○	×
z>x	×	○	○	○	×	×	○	×	○	○	×	×
z>y	○	○	×	○	×	×	○	×	○	○	○	×
x>y,x>z	×	×	×	×	×	×	×	×	×	○	○	×
x>y,z>y	×	×	×	○	×	○	×	×	○	○	○	×
x>z,y>z	×	×	×	×	×	×	○	×	×	○	○	×
y>x,y>z	×	○	×	×	×	×	×	○	×	×	×	×

2章 理想的な投票方式を求めて

×	×	×	×	×	×	×	×	×	×	×	×	×	×	×	×	×	×	×
×	×	○	×	×	○	×	×	○	×	×	×	×	×	×	×	×	×	○
×	×	○	○	×	×	×	×	×	×	×	○	×	×	×	×	×	○	×
×	○	×	○	○	×	×	×	×	×	○	×	×	×	×	○	×	×	×
○	×	×	×	×	○	○	×	×	○	×	×	×	×	○	×	×	×	×
○	○	×	×	×	○	×	×	○	○	×	×	×	○	×	×	×	×	×
○	○	×	×	×	×	×	○	○	×	×	○	○	×	×	×	×	×	×
×	×	○	×	×	×	×	×	×	×	×	×	×	×	×	×	×	×	×
×	×	×	×	×	○	×	×	×	×	×	×	×	×	×	×	×	×	×
×	○	×	×	○	×	×	×	×	×	×	×	×	×	×	×	×	×	×
×	×	×	○	×	×	×	×	×	×	×	×	×	×	×	×	×	×	×
○	×	×	×	×	×	○	×	×	×	×	×	×	×	×	×	×	×	×
○	○	×	×	×	×	×	×	○	×	×	×	×	×	×	×	×	×	×

行ラベル
y>x,z>x
z>x,z>y
{x>y,y>z},{x<y,x>z,y>z}
{x>z,z>y},{x<y,x>z,z>y}
{x>y,z>x},{x>y,x>z,y>z}
{x>z,y>x},{x>y,x>z,y>z}
{x>z,z>y},{x>y,z>x},{y>x,z>y}
{y>z,z>x},{y>x,y>z,z>x}
{y>x,z>y},{y>x,z>x,z>y}
{y>x,z>y},{y>x,z>x,z>y}
x>y,y>x
x>z,z>x
y>z,z>y
{x>y,y>z,z>y},{y>z,z>x,z>y},{y>x,y>z,z>y}
{x>y,y>z,z>x},{x>y,y>x,z>x},{x>y,x>z,z>x}
{x>z,y>z,z>x},{x>z,y>x,z>x},{y>x,y>z,z>x}
{x>z,y>z,z>y},{x>y,x>z,y>x},{x>y,x>z,z>x}
{x>y,y>x,z>x},{x>y,x>z,z>y},{x>y,x>z,y>x}
{x>y,y>z,z>y},{x>z,y>z,z>y},{x>y,y>z,z>x}
{z>x,z>y,x>y},{x>z,y>z,x>y},{x<y,y>z,x>z}

総称して承認投票と呼んでいます．この場合，グループ分けは有権者毎に異なっていてかまいません．同じ評価の候補者から成るグループが二つ存在する二分型投票方式はこの特殊なケースなので，当然，承認投票の一形態です．

2.2.2 投票権に対する考え方：現行投票方式と二分型投票方式

　現在，世の中で実際に採用されている投票方式には，制限投票制と複数投票制の二方式があるということを既に述べました．前者では，有権者に定数より少ない投票権が与えられます．わが国の選挙で用いられている単記制は定数の数とは全く関係なく，有権者には常に1票しか投票権が与えられない制度ですが，この制限投票制の一種です．これに対して，後者は，定数と同数の投票権を有権者に与える投票方式です．たとえば，定数が三人の選挙区では有権者は3票投じることができます．これらの投票制に共通しているのは，選挙区の定数に注目した投票制度だという点です．定数がn人の選挙区では，有権者はあらかじめ決められたn人以内の投票権を行使できることになります．

　一方，本書で紹介した二分型投票方式は，立候補者数に注目しています．立候補者数mが三人以上なら，有権者は，その選挙区の定数を全く考慮することなく，m票の範囲内で何票でも好きなだけ投票できます．ただし，同一候補者に2票以上重複して投票することはできません．本書では，二分型投票方式の理論的厳密性を，現実への応用性という視点から，若干緩め，各候補者を「当選させても良いか，良くないか」という基準で有権者が投票するとしています．簡単な例で説明しましょう．ある小選挙区（このように限定する必要はなく，大選挙区でもかまいませんが……）で三人の候補者x, y, zが立候補したとします．投票日に，有権者aは，xとyは当選させても良いが，zは

当選させるに値しないと判断したので，xとyに投票し，zには投票しませんでした．別の有権者bは全員当選させても良いと考えたので，x，y，z全員にそれぞれ1票ずつ投票しました．また，有権者cは，zは議員としてふさわしいが，xとyはふさわしくないと考えたので，zに1票入れただけでした．

このように，現行の投票制度と比べてみると，二分型投票方式はなかなかユニークな投票制度だということがお分かりになったでしょう．

2.2.3 単峰型投票方式と投票行動

投票制度の話になると必ずといってよいほど出てくるのが単峰型投票方式です．というよりも，この種の議論においては，単峰型投票方式以外は殆ど論じられないと言っても過言ではありません．その理由は二つあります．一つは，単峰型投票方式が，前章で例示したような，単純多数決制度における票の集計結果内に整合性を保てない不都合なケースが生じるのを避ける方法として，昔からよく知られていたということです．単純多数決制度において，論理的整合性を維持する投票方式は，本章でも説明したように，稲田献一氏が余すところなく解明しております（Inada 1964, 1969）[4]が，それまでは，単峰型投票方式しか知られていませんでした．この点で，同氏の論文は，その重要性に比してあまり読まれていないように思われます．二つ目の理由として，単峰型投票方式が大きな注目を集めてきたのは，よく言われるように，右翼から左翼へとか，自民党から共産党までといった並べ方は，一直線になると考えやすく，多くの人々の合意を得易いように思われるという点にあります．個人の政治的な考え方も，この一線上に並べられた政党の中で自分の最も支持する政党から左右に離れる政党程嫌いになるといって間違いではなさそうに思われます．自民党の支持者の中

に，次に支持するのは共産党で，その次が民主党というような人がいるとはちょっと想像できません．こう見てくると，単峰型投票方式は期待が持てそうな気がしてきます．

しかし，本当でしょうか．単峰型投票が選挙の投票方式として有効であるためには，少なくとも次の二つの条件が満たされている必要があります．それは，1) 政党・政治家を一直線上に並べられることと，2) 投票者が自分の政治信条・考え方に従って，正直に投票することです．1) を考えてみましょう．恐らくは経済的豊かさの上昇と冷戦構造の崩壊が背景にあると思われますが，現在は，世界的に多様な価値観が噴出しています．わが国の政治状況を見ても，既存の政党の離合・集散だけでなく，多くの新しい政党が生まれては消えるという状況が10年以上続いています．このような状況において，国民全員と言わないにしても，大多数の人々に共通な全ての政党・候補者を一直線上に並べる並べ方があるでしょうか．並べる基準は何でも構わないし，全員同じ基準でなければならないということもありませんが，私には実際には不可能なことのように思われます．2) が疑わしい理由は沢山あります．まず，多くの有権者が立候補者一人一人および各政党について，その基本的政治姿勢・考え方，政策や公約をよく検討しているとはとても思われません．タレントや芸人，スポーツ選手などがよく当選しますが，その理由として知名度くらいしか考えられないということは，多くの人が選挙に際して自分の投票行為をあまり真剣に考えていない証拠と見ることができましょう．そのような場合，多くの有権者は自分の政治信条・考え方を正しく反映した投票を行っているとは考えられず，選挙結果も人々の本当の意思をあまり反映していないことになると言っていいでしょう．では，投票を真剣に考える人はどうでしょうか．選挙や政治を真剣に考える人ほど，実際の投票に当たっ

て，その時の政治情勢を考慮する人が多いのではないでしょうか．政治をバランス・オブ・パワーとかチェック・アンド・バランスと捉える人は自分の選好通りに投票するとは限りません．たとえば，今度の選挙は自民党の圧勝が予想されているとしましょう．このとき，自民党の政治姿勢には賛同するが，権力は腐敗するものだと考えたり，権力者の言動には不信の念を持っているという人の中には，あえて自民党の候補者に投票せず，たとえば，自民党の独走に圧力をかけるために，共産党の候補者に投票する人もいるでしょう．投票権を複数認められている場合には，自民党の候補者と共産党の候補者に投票する人がいてもおかしくありません．さらには，議員在職中の失政の責任をとってもらうと共に，その償いをしてもらうために，あえてその議員に投票するという考えもあります．こうなると，単峰型投票方式の有効性が疑わしくなるだけの問題ではなくなり，どのような選挙制度を採ろうが，当選者は，当選したからといって必ずしも有権者の支持を受けたとは言えなくなってしまいます．いずれにしても，単峰型投票方式の有効性は疑わしいのですが，いくつかの限定された問題を解決するためには有効ではないかと思われます．そのためには多くの問題に対する人々の投票行動を分析する必要があります．本書では，過去の経緯も踏まえ，また，投票行動に関する新たな発見も期待して，単峰型投票方式も二分型投票方式と共に検討してみることにします．

　単谷型投票方式は単峰型投票方式を逆さまにしたものなので，その期待度は，理論的には単峰型投票方式と同じです．しかし，単谷型投票方式は，評価の低い候補者の方に注目した投票方式の感があるので，ここで扱うには少々不適当であるように思われます．もっとも，単峰型投票も単谷型投票も，投票者数が奇数でないと論理的整合性が完全には保証されないという点が厄介ですが，これは実際にはほとんど問

題にならないでしょう.

そこで,これからは,二分型投票方式と単峰型投票方式にしぼって議論を展開します.言うまでもありませんが,単峰型投票方式に関する議論は,そのまま単谷型投票方式にも当てはまります.もっとも,目的は正反対ですが…….

2.3 補論 複数投票権と投票結果の論理的整合性

2.3.1 順位付け投票で当選者を決定できない確率

ところで,先に述べたように,実際の選挙では,投票者が全候補者に順位を付けたときに,全投票者に共通な全候補者の並べ方が得られるという保証はありません.(というよりも,そのような並べ方は実際には得られないと言っていいでしょう.)つまり,単峰型投票の基本的前提が崩れて,投票結果に投票の逆理のような論理的矛盾が生じる恐れが大いにあります.それでは,このような論理的矛盾の故に多数決で当選者を決定できなくなる確率は一体どのくらいあるでしょうか.この値が極めて低いのなら,単峰型投票方式にも期待が持てるということになります.投票者数が極めて多く,各投票者は同順位を含まないように候補者を順位づけ,各順位の発生確率を均等と仮定した場合に多数決で当選者を決定できない確率をニエミとウェイスバーグ (Niemi and Weisberg 1968) が計算していますが,その結果は表2.5のようになりました.

小選挙区制になった場合,政党の数にもよりますが,選挙区当たりの立候補者は2名からせいぜい7名程度でしょう.立候補者が5名の場合,現在の一人1票方式では選挙4回につき1回程度の割合でその当選者が本当に当選したと見なせるかどうか疑わしくなります.もっ

表2.5 多数決で当選者が決まらない確率

候補者数	確率
1	0.0000
2	0.0000
3	0.0877
4	0.1755
5	0.2513

候補者数	確率
10	0.4887
15	0.6087
20	0.6811
30	0.7648
40	0.8123

とも，候補者の順位の組み合わせの発生確率が均等というここでの仮定はかなり非現実的です．実際には有権者の政治的思考には無視し得ない類似性があると推測されるので，実際の選挙で発生する候補者の順位の組み合わせはかなり限定され，しかも，それらの間にはかなりの整合性があるものと思われます．したがって，単純多数決で不都合な投票結果が生じる可能性は表2.5の値よりも小さくなるでしょう．しかし，どのようにしても論理的に不都合な結果が生じる可能性をゼロにできるわけではありません．

2.3.2 コンドルセ基準による多数決勝者を保証する投票数

今度は，第1章で例示したような不都合な選挙結果が生じないようにするには，一人に何票与えれば充分かを検討してみましょう．このような検討は，今までの議論からお分かりのように，投票結果内部の論理的整合性が保証されるというものではなく，確率的な近似計算です．フィッシュバーンは，コンピュータ・シミュレーションを用いて，二分型投票方式の勝者とコンドルセ基準による多数決勝者が同一人物になる確率が最も高くなるような投票者一人当たりの投票数を推定し，以下の式を導き出しています（Fishburn 1974）．コンドルセ基準による多数決勝者とは，第1章で説明したように，他の候補者のいずれに対しても明らかに優れているか少なくとも同等の候補者を指します．

式1

$$k \cong m(1-1/\sqrt{n})/2$$

ここで，k＝一人当たり投票数
m＝候補者の数
n＝投票者の数

実際の選挙では，各選挙区とも，有権者数ならびに投票者数は極めて多いので，式1は以下の式に置き換えてもよいでしょう．

式1'　　$k \cong m/2$

この式から，二分型投票方式と比較して論理的矛盾があまり生じないような選挙結果を得るためには候補者数に応じて表2.6に示す投票権を有権者に与えればよいことになります．

一見，コンドルセ基準による多数決勝者と単純多数決による勝者は同じに見えますが，厳密には違います．前者の場合，勝者がいない場合や複数いる場合があり得ます．また，実際の単純多数決の場合には，すべての投票者が各々最も優れていると判断する候補者に投票しているとは限りません．

表2.6　二分型投票方式(変形タイプ)における有権者一人当たりの投票権

候補者数	投票権/有権者	候補者数	投票権/有権者
1	0（投票不要）	6	3
2	1	7	4
3	2	8	4
4	2	9	5
5	3	10	5

3章

本当の当選者は誰[1]？

3.1 民主主義と選挙制度

　一般に，民主主義は民意による統治体制と理解され，その延長線上で，選挙結果は民意を正しく反映していなければならない，といった認識が広く流布しています．民主主義の第一原則は票に比例した代表を選出することだとする見解（Mill 1861）は強い説得性を持っていると言ってよいでしょう．しかし，民主主義の捉え方に関してはさまざまな見解があります．たとえば，K・ポパーは，「民主主義とは，流血を見ることなく，投票を用いて政権を交代させる可能性のある体制」（加藤 2003）と規定しています．この考えに立てば，民主主義は必ずしも民意を忠実に反映していなくてもよいことになります．事実，政策運営の安定性という現実的な問題を重視すれば，民意を選挙結果にあまり忠実に反映しないほうが民主主義の発展にとってはむしろ好ましいという，逆説的な主張もあり得ます．

本章では，序章と重複しますが，現在の選挙制度を，具体例を挙げながら，もう少し詳しく解説します．まず，投票方式・制度に関連した政治体制を概観し，次に，本書が採る選挙制度の立場を明らかにします．最後に，本書での分析視点の立場から，投票方式の違いが結果に及ぼす影響を，実際の選挙結果を用いて検証してみます．

3.1.1 比例代表制と多数代表制

序章で，選挙区割りが小選挙区制と大選挙区制に分けられると述べました．前者は定数1の選挙区で，後者は定数が複数の選挙区を意味します．1996年以前の衆議院議員選挙で実施されていた，いわゆる，中選挙区制は大選挙区制の一種です．

ところで，どのような政治制度を採用しているかということと，そこで実施される選挙制度にはかなり密接な関係があるように思われます．たとえば，わが国や英国のように議院内閣制を採用している国では，選挙で勝って，国会で多数を占めた政党から行政の長である首相が選出されます．選挙で勝つということは，一応，国民の支持を得たと言って良いわけですが，選出された首相にしてみれば，国民の意思が正確に選挙結果に反映する比例代表制よりも，小選挙区制のような，わずかな違いを大きな差に置き換えることによって安定多数を得やすくする多数代表制の方が都合がよいということになりましょう．一方，フランス大統領選挙などに見られるように，行政の長を議員選挙とは無関係に選ぶ場合には，国民の意思が正確に投票結果に現れるように，全国を一選挙区とする比例代表制が優れているように思われます[(2)]．しかし，同じ大統領選挙でも，アメリカ合衆国のように，各州の独立性の強い国では，一般の投票結果を大統領選挙人制度で間接化した選挙制度を採用している国もあります．その結果，比例代表の程度は若干

損なわれますが，各州の存在感や自立性は維持されます．

以上から，大選挙区制は比例代表制に向き，小選挙区制は多数代表制に適していることがお分かりになったと思います．繰り返しになりますが，両制度の違いは一般に次のようにまとめられます.(3) 比例代表制では，国民の意思ができるだけ正確に選挙結果に反映され，死票が少なく，選挙費用が節約でき，国民が政府を監視・コントロールできます．最後の点は，国民が議員を信用していない証拠と見ることもできるでしょう．一方，多数代表制は，議院内閣制をとる国において，安定多数を背景に政局の堅実かつ安定的な運営を狙って採用された選挙制度だと言えましょう．その背景には，小党分裂ではうまく政策運営ができないという考えがあり，これが二大政党論の根拠になっています．また，比例代表制とは反対に，議員は大衆を代表して政治に参画する聡明な人物と想定されているようです．裏を返せば，国民・大衆には期待していないということでしょう．小選挙区制を用いると，候補者の得票差が極く僅かであっても，1位の候補者がその選挙区の投票者の意思を代表し，2位以下の候補者の得票は全て死票になってしまいます．つまり，選挙結果が国民の実際の意見の違い以上の差となって現われるのが小選挙区制です．だから，安定多数が得られ，政局が安定するというわけです．しかし，これには事実に基づく反論もあります．たとえば，英国では第二次世界大戦後の35年間ほど，労働党と保守党が総選挙の度に政権が入れ替わりました．その結果，労働党が政権を握ると国営化政策が推進され，次の総選挙では保守党に政権が移り，国営化政策は民営化政策に変えられ，次の総選挙では労働党が返り咲き，民営化政策は国営化路線に引き戻される……といった状況が続きました．これを評してストップ・アンド・ゴー政策と呼びます．英国は小選挙区制を採用しており，労働党と保守党の間で選挙

を通して政権交代がありましたから，政治状況は正しく多数代表制でした．しかし，これが英国の経済を不安定にさせ，混乱を引き起こし，経済発展を妨げ，結局は政治にはね返ったことを考えれば，少なくとも，中長期的には小選挙区制も安定的な政策運営を保証しない可能性があり得るといえましょう．

別の視点からみると，比例代表制は国民の意思をできるだけ正確に議会に反映させ，政策論議は議会で行おうと言うのに対して，多数代表制は選挙の段階で為政者を決定し，安定した政策運営を行わせようとしていると言えるでしょう．特に，後者の場合は，政府に独裁権を与えることで，首尾一貫した政策運営を期待しているとも言えます．[(4)]

3.1.2 　二分型投票方式：論理的整合性と実用性

序章および本章で論じてきた民主主義，選挙制度の方向性を受けて，本書では，選挙制度に対する基本的立場を比例代表制に置くことにします．ただし，分析に当たっては，今まで概観してきた小選挙区制や大選挙区制との関係は想定しません．当選者の決め方としては，全ての人間が平等であるという立場に立つ以上，単純多数決を採用するというのは妥当な選択でしょう．しかし，今まで述べてきたように，最も得票数の多かった候補者が民意を正しく反映しているとは限りません．そこでは何よりもまず，投票結果の論理的整合性が保証されていなければなりませんが，それは，とりわけ，自分の投票が否定された投票者を納得させ，結果を受け入れさせるために欠かすことができません．[(5)]

前章では，集計結果が論理的整合性を保つ多数決方式（全部で7種類）を紹介しました．いずれも，第1章で論じた奇妙な集計結果を生むことはありません．したがって，実際の選挙における投票方式はこ

の7種類の中から選ばなければなりません．前章での分析によれば，実際の選挙で用いることができるのは二分型投票方式だけであることが明らかになりました[6]．

本章では，二分型投票方式を用いて選挙を行った場合に，現在の一人1票方式の選挙と比べてどのような結果になるだろうかという仮説的な比較を，実際の選挙結果を用いて試みていきます．同時に，第1章で挙げた奇妙な集計結果も作ってみます．これによってこの問題に対する読者の理解がより鮮明かつ正確なものとなるでしょう．その前に，比較の基準を定義しておきましょう．

3.2 失意の投票者

選挙の後，「私は自由党を支持するが，自民党の候補者が当選するくらいなら民主党の候補者に投票すればよかった．」とか，「あの人が当選するくらいなら，落選したこちらの人に投票すればよかった．」といった声がいつも聞かれます．選挙の結果に対しこのような感情を持つ人は，いってみれば「失意の投票者」です．ここで，「失意の投票者」を「自分の投票した候補者が全員落選した投票者」と定義しておきます．この「失意の投票者」の発生が少ない選挙制度ほど，より民意を反映しているとみなすことができますから，良い選挙制度といってよいでしょう[7]．

一般に，「失意の投票者」は大選挙区制よりも小選挙区制で多く生じると推測されます．つまり，大選挙区制の方が小選挙区制よりも民意を反映するということです．一般的にはその通りです．だから，旧来の中選挙区制（大選挙区制の一種）が改正された現行の衆議院議員選挙では，この弊害を少なくするために，各党の獲得票数に応じて議席を割り振る比例代表制を加味した小選挙区比例代表制が採用されてい

るのです．

しかし，「失意の投票者」あるいはその裏返しである「民意の反映」という視点から選挙制度を見ると，大選挙区制と小選挙区比例代表制の違いなどは大した問題ではなく，第1章で例示したような，集計方法によって当選者が変わり得るという，両者に共通した投票方式の欠陥のほうが重大です．その原因は，現在の投票制度における一人1票方式，すなわち，各有権者が投票する候補者を一名しか選べないとする投票方式にあります．これまでの選挙制度改革論議を見る限り，一人1票方式以外の投票方式は全く考えられていないようです．しかし，できるだけ多くの民意を正しく反映させるべきだという立場に立てば，現在よりも柔軟な投票方式の導入も検討すべきでしょう．その結果，投票の集計が少々面倒になったとしても，今日実用段階に入った電子投票システムを用いれば何でもありません．この点については第5章で詳しく論じます．

さて，以下では，話をできるだけわかりやすく進めるために，平成5（1993）年7月18日に行われた衆議院議員選挙の結果を用いて話を進めることにしましょう（朝日新聞 1993）．

3.3 一人1票方式と一人複数票方式

平成5（1993）年7月18日に行われた衆議院議員選挙において最大の激戦区は東京5区で，その結果は表3.1のようでした．

この選挙区の投票率が不明なので，ここからの議論は全て投票した人に関してのみ行うことにします．先の定義に従えば，「失意の投票者」は，49.80％（＝(61,276＋52,229＋39,682＋37,264＋12,820＋4,748＋791＋783＋336)/421,545×100）です．つまり，投票者の50.2％の意思がこの選挙区の意思になっているわけです．近年における選挙のかな

表3.1 東京5区（定員3名）

当	鮫島　宗明	日本新党	76,618
当	吉田　公一	新生党	69,246
当	石井　啓一	公明	65,752
	小林　興起	自民	61,276
	高沢　寅男	社会	52,229
	増村　耕太朗	共産	39,682
	中村　靖	自民	37,264
	野間　健	無所属	12,820
	一ノ瀬　大輔	無所属	4,748
	伊藤　睦子	諸派	791
	浜崎　隆一	無所属	783
	栗原　登一	諸派	336
総投票数			421,545

り低い投票率を考えると，この選挙区の意思は，実際には，この数値よりもかなり低い値で代表されていると言ってよいでしょう．たとえば，投票率が65％だったとすると，当選者は全有権者の32.6％（＝0.502×0.65×100）を代表しているにすぎません[(8)]．

ここで，現在の小選挙区制をこの選挙区に単純に当てはめてみましょう．すなわち，この選挙区から一人しか当選しないとすれば，「失意の投票者」は，81.82％（＝(421,545−76,618)/421,545×100）にも達し，この選挙区の結果は，たった，18.18％（＝76,618/421,545×100）の投票者の意思を代表しているにすぎません．

この当時の衆議院議員選挙の選挙区には一人区はありませんが，なるべく小選挙区制の区割りに似た例として，定員2名の新潟4区の結果を見てみましょう．

この選挙区での失意の投票者は，実際には，46.16％（＝｜1−(76,698＋59,202)/(76,698＋59,202＋59,064＋51,731＋5,706)｜×100）となります．これが1人しか当選しないとすれば，失意の投票者は，

表3.2 新潟4区（定員2名）

当	白川　勝彦	自民	76,698
当	高鳥　修	自民	59,202
	筒井　信隆	社会	59,064
	宮越　馨	新生	51,731
	田中　徳光	共産	5,706
総投票数			252,401

69.61％（＝｛1－76,698/(76,698＋59,202＋59,064＋51,731＋5,706)｝×100）になります．約70％の投票が死票になり，当選者は過半数の支持を得ていないことになります．

以上の例から分かるように，小選挙区制と中選挙区制の違いが単に当選者の数だけであるならば，どのような選挙制度であろうと，小選挙区制の方が一般に失意の投票者が多くなります[9]．序章でも説明したように，わが国の中選挙区制は大選挙区制限投票制です．これを複数投票制とし，一人3票の投票権を認めると，失意の投票者の比率は下がります．この場合，当選者の顔ぶれは変わる可能性がありますが，投票者の意思をより多く反映する結果となります．

3.4　候補者の二項比較

まず，表3.1を用いて，第1章で示したような奇妙な集計結果が実際の選挙でも起こり得ることをチェックしてみましょう．最初に，各投票者が立候補者に優先順位をつける場合を検討します．

以下の議論では，先に挙げた東京5区の有権者の投票パターンを以下のようにグループ分けします．

G1＝76,618人，G2＝69,246人，G3＝65,752人，G4＝61,276人，G5＝52,229人，G6＝39,682人，G7＝37,264人，G8＝12,820人，G9＝4,748人，G10＝791人，G11＝783人，G12＝336人

すぐ分かるように,このグループ分けは各候補者の獲得した得票数に従っています.実際には,あるグループの投票者全員が同じ投票パターンを示すとは考えられませんが,投票者の順位付けに関する情報が全く無いので,仮に,このように仮定して話を続けます.こうしても議論の本質は変りません.このような仮定を支持する理由を強いてあげるとすれば,同じ候補者に投票した人々の政治的な思想・信条はかなり似ていると想定してもそれほど間違ってはいないだろう,ということになるでしょう.[10][11]

さて,上記グループが各候補者に対して表3.3のような順位を付けたとしましょう.

候補者を二人ずつ取り出して比較する方法を二項比較といいます.この表で各候補者の二項比較をしてみましょう.鮫島宗明と吉田公一では,G1, G3, G4, G7, G10, G11が吉田公一よりも鮫島宗明を,残りのグループが鮫島宗明よりも吉田公一を良いとしており,242,484対179,061で鮫島宗明の方が選ばれます(鮫島宗明>吉田公一).同様

表3.3 投票の順位付け

	G1	G2	G3	G4	G5	G6	G7	G8	G9	G10	G11	G12
鮫島　宗明	1	5	2	4	5	9	4	8	9	4	4	9
吉田　公一	5	1	6	8	4	3	6	2	4	8	8	5
石井　啓一	6	6	1	5	6	10	5	10	10	3	3	10
小林　興起	2	4	3	1	3	8	2	6	7	5	5	8
高沢　寅男	4	2	5	3	1	4	3	4	5	7	7	6
増村　耕太朗	8	8	8	10	8	1	8	3	2	10	10	3
中村　靖	3	3	4	2	2	7	1	5	6	6	6	7
野間　健	7	7	7	9	7	2	7	1	3	9	9	4
一ノ瀬　大輔	10	9	9	11	10	5	10	7	1	11	11	2
伊藤　睦子	9	10	11	6	9	11	9	11	11	1	2	11
浜崎　隆一	12	12	12	7	11	12	11	12	12	2	1	12
栗原　登一	11	11	10	12	12	6	12	9	8	12	12	1

にして，吉田公一と石井啓一を比較すると，255,679対165,866で，吉田公一＞石井啓一となります．念のため，鮫島宗明と石井啓一を比べてみると，354,219対67,326で，鮫島宗明＞石井啓一です．すなわち，この3者の順位は，鮫島宗明＞吉田公一＞石井啓一となります．このようにして二人ずつの候補者の全ての組み合わせについて投票結果を集計し，それを優劣順に並べると，中村靖＞小林興起＞高沢寅男＞鮫島宗明＞吉田公一＞石井啓一＞野間健＞増村耕太郎＞伊藤睦子＞一ノ瀬大輔＞栗原登一＞浜崎隆一となります．

ここでまず驚くべきことは，この投票方式によれば，定員3名のこの選挙区では，選挙で実際に当選した鮫島宗明，吉田公一，石井啓一は全て落選し，代わりに中村靖，小林興起，高沢寅男が当選するという点です．この例から，有権者の投票行動が同じであっても投票方式が変ると当選者がガラリと変ってしまう可能性のあることが分かります．

ところで，この選挙区の定員は3名なので，中村靖，小林興起，高沢寅男のいずれかに少なくとも3位までの評価をした投票者はこの結果に一応満足していると考えることができるでしょう．そのようなグループを抜き出してみると，中村靖に対しては，G1，G2，G4，G5，G7，小林興起に対しては，G1，G3，G4，G5，G7，高沢寅男に対しては，G2，G4，G5，G7がそれぞれ該当し，全体としては，362,385（＝G1＋G2＋G3＋G4＋G5＋G7），すなわち，85.97％の投票者がこの結果に満足していると判断できます．つまり，「失意の投票者」は現実の選挙結果である49.80％から14.03％へと大幅に減少します．

ところで，この集計法は大選挙区複数投票制と同じです．そこで，各有権者に3票の投票権を与えてみましょう．すなわち，表3.3で，数

字1, 2, 3の箇所だけを残し，数字に該当するグループの票数を各候補者毎に集計すればよいことになります．この時の順位は，中村靖＞小林興起＞高沢寅男＞吉田公一＞鮫島宗明＞石井啓一＞増村耕太郎＞野間健＞一ノ瀬大輔＞伊藤睦子＝浜崎隆一＞栗原登一となり，当選者は，先のケースと同じく，中村靖，小林興起，高沢寅男となります．「失意の投票者」が，当然，14.03％であることはわかりますね．

このように見てくると，従来の一人1票方式よりも一人複数票方式の方が優れているように思われるでしょうが，問題はそれ程簡単ではありません．

3.5 実例に見る集計結果の奇妙な結論

3.5.1 投票の逆理

次に，投票者の投票行動が表3.4のようだったとしてみましょう．2人ずつ比較をしてみると，鮫島宗明と吉田公一では，G 2以外のグルー

表3.4 投票の順位付け（投票の逆理の例）

	G1	G2	G3	G4	G5	G6	G7	G8	G9	G10	G11	G12
鮫島　宗明	1	12	11	10	9	8	7	6	5	4	3	2
吉田　公一	2	1	12	11	10	9	8	7	6	5	4	3
石井　啓一	3	2	1	12	11	10	9	8	7	6	5	4
小林　興起	4	3	2	1	12	11	10	9	8	7	6	5
高沢　寅男	5	4	3	2	1	12	11	10	9	8	7	6
増村　耕太朗	6	5	4	3	2	1	12	11	10	9	8	7
中村　靖	7	6	5	4	3	2	1	12	11	10	9	8
野間　健	8	7	6	5	4	3	2	1	12	11	10	9
一ノ瀬　大輔	9	8	7	6	5	4	3	2	1	12	11	10
伊藤　睦子	10	9	8	7	6	5	4	3	2	1	12	11
浜崎　隆一	11	10	9	8	7	6	5	4	3	2	1	12
栗原　登一	12	11	10	9	8	7	6	5	4	3	2	1

プは全て吉田公一より鮫島宗明の方をより良いと評価しています．したがって，この選挙区の有権者は，352,299対69,246で，鮫島宗明＞吉田公一 と評価していると言えます．同様な計算をしていくと，吉田公一＞石井啓一＞小林興起＞高沢寅男＞増村耕太郎＞中村靖＞野間健＞一ノ瀬大輔＞伊藤睦子＞浜崎隆一＞栗原登一となります．当然，鮫島宗明＞栗原登一に決まっていると考えられるでしょうが，念のためチェックしてみると，栗原登一より鮫島宗明を良いとしているのがG1のみで，後のグループはすべて栗原登一のほうが鮫島宗明より良いとしています．したがって，344,927対76,618で栗原登一＞鮫島宗明となります．つまり，この例では，鮫島宗明＞吉田公一＞石井啓一＞小林興起＞高沢寅男＞増村耕太郎＞中村靖＞野間健＞一ノ瀬大輔＞伊藤睦子＞浜崎隆一＞栗原登一＞鮫島宗明＞……というサイクルとなってしまって，誰が当選者なのかわからなくなってしまいます．これが有名な投票の逆理（ボーティング・パラドックス）です．

3.5.2 単峰型投票方式

ところで，先に挙げた表3.3は実は単峰型投票でした．第2章で紹介したように，単峰型投票は票の集計結果の間に論理的矛盾を引き起こさない投票方式です．したがって，3.4節で示した三つのケースのうち，最初のケースは候補者間の順位に論理的整合性がとれています．二番目のケースでは，投票者に認める投票権を変えることによって当選者が変わり得ますし，最後のケースは，大選挙区複数投票制が論理的整合性を満足しないという例になっています．ここでの候補者の順位が最初のケースとは異なっている点に注意してください．

さて，表3.3を分かり易く書き直したのが表3.5です．この表3.5をグラフに直して分かり易くすると図3.1が得られます．

表3.5 単峰型投票（表3.3の変形）

G 1	12	9	6	1	2	3	4	5	7	8	10	11
G 2	12	10	6	5	4	3	2	1	7	8	9	10
G 3	12	11	1	2	3	4	5	6	7	8	9	10
G 4	7	6	5	4	1	2	3	8	9	10	11	12
G 5	11	9	6	5	3	2	1	4	7	8	10	12
G 6	12	11	10	9	8	7	4	2	1	5	6	
G 7	11	9	5	4	2	1	3	6	7	8	10	12
G 8	12	11	10	8	6	5	4	2	1	3	7	9
G 9	12	11	10	9	7	6	5	4	3	2	1	8
G10	2	1	3	4	5	6	7	8	9	10	11	12
G11	1	2	3	4	5	6	7	8	9	10	11	12
G12	12	11	10	9	8	7	6	5	4	3	2	1
	浜崎隆一	伊藤睦子	石井啓一	鮫島宗明	小林興起	中村靖	高沢寅男	吉田公一	野間健	増村耕太朗	一ノ瀬大輔	栗原登一
	無所属	諸派	公明	日本新	自民	自民	社会	新生	無所属	共産	無所属	諸派

図3.1　単峰型投票（例：東京5区）

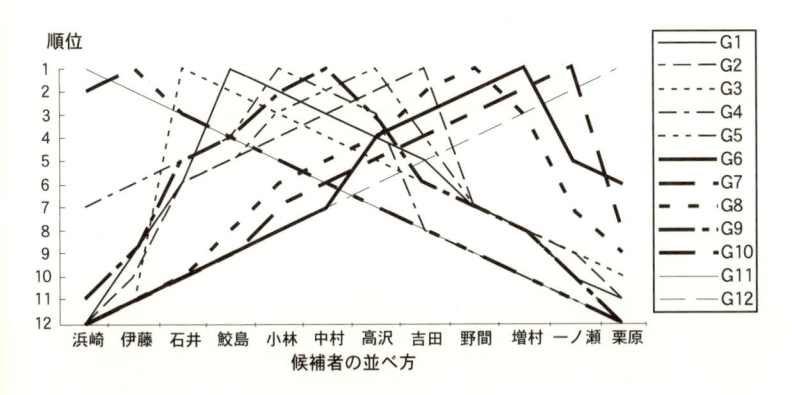

図3.1の横軸に並んだ候補者の順番，浜崎隆一……栗原登一が，全投票者が同意する全候補者の並べ方です．この候補者の並べ方を受け入れた各投票者は自分の最も好む候補者を頂点として，その他の候補者

についてはそこから左右に遠ざかるに従って低い順位を付けていきます．総投票者数421,545は奇数であり，この選挙区の整合的な選挙結果を保証します．

ここで，図3.1に示される候補者の並べ方に対する解釈としては，たとえば，次のように考えることができるでしょう．自民党の支持者にとっては，対立する一つの政党として共産党が一方の極にあり，両者の中間に社会党を位置付けます．もう一方の極に公明党があります．日本新党はどこか分からないところがあるが，わりと親近感を抱いているのに対し，身内から飛び出していった新生党には憎悪感を抱いており，彼らと組むくらいなら社会党と組んだ方がまだましだと考えています．社会党の支持者は，党の地盤沈下に危機感を抱いており，かつての二大政党制時代のライバル自民党の弱体化を望みながらも，実際の政権交代は二党の間で行いたいと考えています．さらに新生党にも連立政権を組む相手として親近感を抱いています．同様な感情を日本新党にも抱いていますが，共産党と公明党には距離感を抱いています．公明党，日本新党，新生党の支持者は，いずれも，共産党とは相容れないが，その他の政党とは手を組めると感じています．どの政党も自民党にはかなりの親近感を抱いています．共産党の支持者が親近感を感じるのは基本的に社会党で，自民党は嫌いですが，最も嫌いなのは公明党です．無所属，諸派の候補者に関しては，有権者はいずれも政党の候補者よりも低い評価を与えています．（老婆心ながら，念のために再度断っておきますが，ここでの説明はあくまでも例であって，実際にこのような評価が行われたということではありません．）

先にも述べたように，単峰型投票方式における政党の並べ方に関し，多くの論者の間では，投票者全員もしくは大多数にとって共通の並べ方が可能だという意見が支配的ですが，これは投票者全員が同じ評価

基準・尺度で候補者を並べているという訳ではありません．ここに例示したように，評価基準・尺度はさまざまであってかまいません．要は，理由はどうあれ，候補者の並べ方が一致すればよいのです．

それにしても，実際の選挙を考えると，この候補者の並べ方は厄介です．自由な投票の後，調べてみたら実は全員に共通な候補者の並べ方が達成されていた，とは到底考えられません．かといって，まさか選挙管理委員会や政府が事前に各選挙区ごとに候補者の並べ方を提示しておいて，投票者に「この並べ方に対して山型になるように投票しなさい．」と言うわけにもいかないでしょう．選挙の主催者側が投票者に言い得るのは，せいぜい，「候補者全員に順位を付けて下さい．」まででしょう．投票結果として全投票者が同意する全候補者の並べ方が保証される見込みはありません．このような並べ方が国民の意識調査などで統計的にどの程度成立するかということは非常に興味深い問題ですが，実際の選挙でデータを得るというわけにはいきません．

3.5.3 泡沫候補の影響力：単峰型投票方式の場合

候補者が少ない場合はまだしも，候補者が多い場合は，投票者に山型の投票を求めるのも困難です．そこで，順位をつける候補者の人数を何人かに限定して投票するという方法も考えられます．しかし，この場合は，何人まで投票を認めるかによって当選者が異なってしまうという厄介な問題が生じます．たとえば，表3.5に基づいて，投票者が投票できる候補者の数が4人の場合と5人の場合を比較してみましょう．

表3.6によれば，1位は小林興起と中村靖で共に362,385票を獲得し，3位は，高沢寅男の349,135票，4位，5位は鮫島宗明，吉田公一の順で，それぞれ，242,484票，178,725票を獲得しています．

表3.6 単峰型投票（4位までの順位）

	浜崎隆一	伊藤睦子	石井啓一	鮫島宗明	小林興起	中村靖	高沢寅男	吉田公一	野間健	増村耕太朗	一ノ瀬大輔	栗原登一
G 1				1	2	3	4					
G 2					4	3	2	1				
G 3			1	2	3	4						
G 4				4	1	2	3					
G 5					3	2	1	4				
G 6							4	3	2	1		
G 7				4	2	1	3					
G 8							4	2	1	3		
G 9							4	3	2	1		
G10	2	1	3	4								
G11	1	2	3	4								
G12									4	3	2	1
	無所属	諸派	公明	日本新	自民	自民	社会	新生	無所属	共産	無所属	諸派

次に，表3.7のように，5位まで順位をつけると，1位は高沢寅男の419,635票，2位は中村靖の375,205票，3位は小林興起と鮫島宗明で，共に363,959票，5位は吉田公一で255,679票です．

表3.6，3.7から理解されるように，投票できる順位数を変えることによって当選者が変ってくる可能性があります．しかも，5位がこの二つのケースで同一人物です．すなわち，第5位の候補者には当選の見込みが全くないという意味で泡沫候補です．この例から泡沫候補が立候補するかしないかで当選者が変わってしまう場合のあることが分かります．ここでの例は，単峰型選好でしたが，実際の選挙では，どのような選挙であっても，泡沫候補のあるなしで当選者が変わり得る可能性が常にあります．

最後に，投票者数の奇数性の条件は，単峰型投票方式で集計された全体としての候補者の順位に整合性を保証する条件であり，投票者数が偶数だと常に論理的不都合が生じるというわけではありません．一

表3.7 単峰型投票（5位までの順位）

	浜崎隆一	伊藤睦子	石井啓一	鮫島宗明	小林興起	中村靖	高沢寅男	吉田公一	野間健	増村耕太朗	一ノ瀬大輔	栗原登一
G 1			1	2	3	4	5					
G 2			5	4	3	2	1					
G 3		1	2	3	4	5						
G 4		5	4	1	2	3						
G 5			5	3	2	1	4					
G 6							4	3	2	1	5	
G 7		5	4	2	1	3						
G 8					5	4	2	1	3			
G 9							5	4	3	2	1	
G10	2	1	3	4	5							
G11	1	2	3	4	5							
G12								5	4	3	2	1
	無所属	諸派	公明	日本新	自民	自民	社会	新生	無所属	共産	無所属	諸派

般的には，投票者数が増える程奇数性の条件は重要でなくなるでしょう．

3.6 二分型投票方式の適用

二分型投票方式を実際の選挙に適用するのは非常に簡単です．その場合，投票者に「当選させたい（もしくは，当選させてもよい）と思う候補者の名前を書きなさい．」とか，「当選させたい（もしくは，当選させてもよい）と思う候補者に○をつけなさい．」とでも指示しておくだけで充分だからです．こうすると厳密には二分型投票ではなくなりますが[12]，投票者にとっては投票が非常に簡単になるため，実際の選挙で使用するには有効だと思われます．すなわち，投票者に自由に投票させ，しかも，複数投票が可能ですから，現行の一人1票方式よりも実際にはゆるやかな投票方式になります．投票者がそれぞれ勝手に好きな候補者の名前（複数可）を書いたり○をつけたりしても理論上

不都合は生じませんが，投票の逆理のような論理的に不都合な結果を発生させないために，同一候補者に重複して投票することは禁じる必要があります．この投票方式は，評価の方向性こそ逆になりますが，前章で紹介したように，最高裁判所判事の国民審査と同じです．

この投票方式では，各有権者が当選させてもよいと思う候補者なら何人にでも自由に投票できますし，それで論理的に不都合な結果が生じる恐れもありません．投票の仕方が簡単なので，失意の投票者をできる限り少なくするという点から最も優れた投票方式と言えます．さらに，第6章で述べるように，有権者は投票行動を真剣に考えるようになる誘因を持ち，立候補者にとってはちょっとしたことで当落が左右されるようになるにもかかわらず，買収が効かなくなるといった特徴があります．

3.6.1 投票行動の想定

東京5区の例に二分型投票を適用し，次のような状況を想定してみましょう．自民党の支持者は基本的には単独政権を望んでいるので，他党の候補者には投票しませんが，小林興起の支持者だけは自民党が過半数を維持できない場合を考えて，連立の相手として日本新党の候補者にも投票しておこうと考えています．社会党の支持者は自民党が過半数を取れないと確信しています．そこで，連立政権の与党第一党としての社会党の地位を確実なものとするため他党の候補者には一切投票しません．公明党の支持者は，自民党の候補者を当選させないように，また，公明党の候補者が落選しても連立政権を組める党の候補者が当選するように，新生党と社会党の候補者にも投票します．日本新党の支持者も公明党の支持者と同じ考えで，社会党の候補者にも投票します．新生党の支持者は今さら自民党や社会党に投票できないと

考えています．とりあえずは選挙結果をみてから考えようということで，他党の候補者には投票しません．共産党の支持者は，自民党が過半数を割っても共産党が連立政権に参加するとは思っていませんが，自民党の凋落に追打ちをかけるために，社会党の候補者にも投票します．無所属，諸派の候補者を指示する人々は何処が政権を担うことになっても自分達の立場とは関係がないということで，他の候補者には投票しません．このように仮定してみると，表3.8が得られます．

この場合，各候補者の得票は，鮫島宗明137,894票，吉田公一134,998票，石井啓一65,752票，小林興起98,540票，高沢寅男234,281票，増村耕太郎39,682票，中村靖98,540票，野間健12,820票，一ノ瀬大輔4,748票，伊藤睦子791票，浜崎隆一783票，栗原登一336票となります．実際の選挙結果との比較のために，3人当選とすると，高沢寅男，鮫島宗明，吉田公一が選ばれます．この3人に投票した人は全部で364,803人(= G1＋G2＋G3＋G4＋G5＋G6)で，失意の投票者の比率は

表3.8 二分型投票（例）

	鮫島宗明	吉田公一	石井啓一	小林興起	高沢寅男	増村耕太朗	中村靖	野間健	一ノ瀬大輔	伊藤睦子	浜崎隆一	栗原登一
G 1	○				○							
G 2		○										
G 3		○	○		○							
G 4	○			○			○					
G 5					○							
G 6					○	○						
G 7				○			○					
G 8								○				
G 9									○			
G10										○		
G11											○	
G12												○
	日本新	新生	公明	自民	社会	共産	自民	無所属	無所属	諸派	無所属	諸派

13.46%（＝（1－364,803／421,545)×100)となります．これはあくまでも仮想的な例ですが，実際の失意の投票者の比率49.88%に比べると大幅な改善です．このケースで定員が1名だとすると高沢寅男が当選しますが，この時の失意の投票者の比率は44.42%（＝（1－234,281／421,545）×100)で，当選者は過半数の指示を得ていることになります．3.2節に示した同様なケースの失意の投票者の比率が81.82%ですから，これも大幅な改善です．

ブラムスとフィッシュバーン（Brams and Fishburn, 1978）は，各投票者ごとに同等な評価の候補者からなるグループがいくつか存在する投票方式を総称して承認投票と呼んでいます．この場合，一グループ内では候補者に対する評価は全員同等ですが，異なるグループの間の候補者に対する評価には明らかな差があります．同じ評価の候補者から成るグループが二つ（もしくは一つ（この場合は全員無差別））存在する二分型投票方式は承認投票の中でもっとも緩やかな投票方式です．[13]

3.6.2 あなどれない泡沫候補の存在

ここで，読者の中には，投票権を立候補者の数ではなく，2票とか3票といった特定の数に決める方が良いのではないかと考える人がいるでしょう．しかし，ここでも投票権をいくつまで認めるかで当選者が変わってしまう可能性があります．たとえば，各投票者が2人まで投票を認められる場合（表3.9）と3人まで認められる場合（表3.10）を比較してみましょう．

表3.9より，各候補者の得票数は，小林興起（175,158票）＞中村靖（150,769票）＞鮫島宗明（142,370票）＞高沢寅男（121,475票）＞吉田公一（82,066票）＞石井啓一（65,752票）……と続きます．「失意の投票者」は，定員3名で30.46%，定員1名だと58.45%となります．

表3.9 二分型投票の変形（1人2票の場合）

	鮫島宗明 日本新	吉田公一 新生	石井啓一 公明	小林興起 自民	高沢寅男 社会	増村耕太朗 共産	中村靖 自民	野間健 無所属	一ノ瀬大輔 無所属	伊藤睦子 諸派	浜崎隆一 無所属	栗原登一 諸派
G 1	○		○									
G 2		○		○								
G 3	○	○										
G 4			○		○							
G 5				○	○							
G 6						○		○				
G 7			○			○						
G 8	○						○					
G 9					○			○				
G10										○	○	
G11										○	○	
G12									○			○

表3.10 二分型投票の変形（1人3票の場合）

	鮫島宗明 日本新	吉田公一 新生	石井啓一 公明	小林興起 自民	高沢寅男 社会	増村耕太朗 共産	中村靖 自民	野間健 無所属	一ノ瀬大輔 無所属	伊藤睦子 諸派	浜崎隆一 無所属	栗原登一 諸派
G 1	○		○		○							
G 2		○		○	○							
G 3	○		○	○								
G 4				○	○		○					
G 5				○	○		○					
G 6		○					○		○			
G 7				○	○		○					
G 8	○						○		○			
G 9					○		○	○				
G10		○								○	○	
G11		○								○	○	
G12					○				○			○

表3.10では，各投票者の得票数が，中村靖（296,633票）＞小林興起（293,139票）＞高沢寅男（220,015票）＞鮫島宗明（142,370票）＞吉田公一（121,748票）＞石井啓一（67,326票）……です．改めて言うまでもなく，この二つのケースでは投票者の投票行動が同じであるにもかかわらず，当選者が異なっています．

表3.10の場合，表3.9のケースに比べて「失意の投票者」が減少するのは確実で，定員3名で14.03％，定員1名だと29.63％となります．特に，定員1名（すなわち，小選挙区制）の場合，投票権が1つ増えるだけで，「失意の投票者」が58.45％から29.63％に減少するのは大きな改善ではあります．

3.6.3　検証：当選者の正統性

ところで，前章で紹介したように，フィッシュバーン（Fishburn, 1974）は，コンピュータ・シミュレーションを用いて，二分型投票方式の勝者とコンドルセ基準による多数決勝者が同一人物になる確率が最も高くなるような投票者一人当たりの投票数を推定し，表2.6のような結果を得ました．その表をもう一度ここに出してみましょう（表3.11）．

これを表3.1に引用した実際の選挙の例にあてはめてみると，候補者数は12人なので，各投票者は6人の候補者を選ぶことができます．

表3.11　二分型投票方式（変形タイプ）における有権者一人当たりの投票権

候補者数	投票権/有権者	候補者数	投票権/有権者
1	0（投票不要）	6	3
2	1	7	4
3	2	8	4
4	2	9	5
5	3	10	5

表3.12 二分型投票（変形：候補者12人のケース：6票／有権者）

	G1	G2	G3	G4	G5	G6	G7	G8	G9	G10	G11	G12
鮫島　宗明	○	○	○	○			○			○	○	
吉田　公一	○	○			○	○	○					○
石井　啓一	○	○	○	○			○			○	○	
小林　興起	○	○	○	○			○			○	○	
高沢　寅男	○	○	○	○		○	○					○
増村　耕太朗						○		○	○			○
中村　靖	○	○	○	○	○		○	○	○	○	○	
野間　健						○		○				○
一ノ瀬　大輔						○			○			○
伊藤　睦子				○						○	○	
浜崎　隆一										○	○	
栗原　登一						○						○

そこで，表3.3（または表3.5でも同じ）に示す投票行為を二分型投票に置き換えてみると表3.12を得ます．各候補者の得票数を調べてみると，中村靖（381,527票）＞小林興起（376,779票）＞石井啓一（363,959票）＝鮫島宗明（363,959票）＞高沢寅男（340,607票）＞吉田公一（279,331票）＞伊藤睦子（57,586票）＝増村耕太郎（57,586票）＝野間健（57,586票）＞一ノ瀬大輔（44,766票）＞栗原登一（40,018票）＞浜崎隆一（1,574票）となり，中村靖が当選します．G6およびG12以外はすべて中村靖に投票しており，彼は投票者の90.51％から支持されていると見ることができます．すなわち，「失意の投票者」は9.49％にまで減少します．しかし，泡沫候補がいるかいないかで当選者が変る可能性がなくなるわけではありません．

3.7　二分型投票方式の薦め

選挙において「失意の投票者」をできるだけ少なくするためには候補者が3人以上の場合には現在の一人1票方式ではなく一人複数票方

式の採用を検討すべきことが本論の検討で判明しました.一人複数票方式は現在の投票制度では集計に困難を生じますが,急速に拡大・整備されてきたコンピュータ・ネットワークとIT技術を利用すれば簡単です.候補者が2人の場合は現在の一人1票方式が良いのは明らかでしょう.

一人複数票方式で集計結果に矛盾を生ぜしめない多数決制度は表2.1に示すように7種類ありますが,実際の投票に利用できそうなのは二分型投票だけといってもいいでしょう.従来,単峰型投票方式が有望と考えられていました[14].理念的には同意し得る点もありますが,以上見てきたように,実際の選挙には使えないと言ってよいでしょう.なぜなら,単峰型投票の場合,自由な投票が結果として全投票者の間で共通な全候補者の並べ方の出現を保証しないからです.

また,候補者が少ない場合はまだしも,候補者が多い場合は,全投票者に候補者全員に対する順位付けを求めるのも困難です.順位をつける候補者の人数を何人かに限定して投票すると今度は何人まで投票を認めるかによって当選者が異なってしまうという厄介な問題が生じます.しかも,泡沫候補の存在で当選者が変わる場合があります.

以上の点から,単峰型投票方式は国民の意識調査などへの利用には有益でしょうが,選挙の投票方式としては,無理があるように思われます.

これに対し,二分型投票方式は極めて簡単で,投票者に当選させたい(もしくは,当選させてもよい)と思う候補者の名前を書かせるか,名前に○をつけさせるだけで充分です.何人に投票するかは投票者本人の勝手で,こうしても理論上何の不都合も生じません.この方式は投票の仕方自体簡単なうえ,失意の投票者を減少させます.すなわち,より多くの民意を代表する候補者が当選するので,単純多数決に基づ

く選挙の投票方式として最も優れています．この方式は候補者が二人の場合にも理論上何の問題もありません．実際上もほとんど問題ないでしょう．

　民主的社会における選挙の最大のポイントは，有権者の支持を受けた代議員を選出するということです．本書での言い方に従えば，(投票の仕方が簡単で，しかも) できるだけ「失意の投票者」が減る投票方式に従って投票が行われるということが重要で，それには二分型投票方式が推奨されるということです．

4章

小選挙区制はどの程度民意を代表するか[1]

　序章では，小選挙区制は大選挙区制ほど民意を反映しないと述べました．また，前章では，旧来の中選挙区制での選挙結果を例に，立候補者の得票関係に論理的矛盾を引き起こさない単純多数決制を論じ，その中でも二分型投票方式（二分型選好に基づく投票制度）が実際の選挙に用いるのに最適な投票方式であると論じました．一般に，複数投票方式の方が一人1票方式よりも失意の投票者が減ると思われるので，二分型投票方式を採用すると，現行の小選挙区制における一人1票方式に比べて失意の投票者が減少すると予想されます[2]．

　本章では，現行選挙制度に即して二分型投票方式をもう少し具体的に検証するために，平成12（2000）年6月25日に行われた小選挙区比例代表制（衆議院）における小選挙区の結果を調べてみましょう（朝日新聞，2000）．

4.1　激戦区

前章で説明したように，二分型投票方式は立候補者が3人以上の選挙区に適用されます．そこで，まず，3人以上が立候補した選挙区の中で失意の投票者が多いと思われる選挙区を探してみましょう．目安としては，当選者の得票率が低い選挙区や多数の候補者が乱立し，投票結果が分散している選挙区で，激戦区といってよいでしょう．このような選挙区では，投票方式の変更によって当選者が容易に変わり得る可能性があると推測されます．

4.1.1 当選者の得票率が低い選挙区

当選者の得票率が最も低い選挙区は大阪17区で，23.5%でした（表4.1）．これによると，失意の投票者は135,945名で，比率としては76.5%に達しています．

この表において，次のような二分型投票を想定してみましょう．民主党と自由党は自民党の候補者の当選を阻止するために，互いに選挙協力をして，両党の候補者のどちらかが当選することを狙っています．その結果，尾立源幸に投票した人の50%が西村真悟にも投票し，西村真悟に投票した人の50%が尾立源幸にも投票したとしましょう．社民党支持者は民主党に親近感を持っており，次善の策として民主党の候

表4.1　大坂17区選挙結果
（平成12年6月25日）

	立候補者	所属政党	獲得票数
当	岡下　信子	自民	41,781
	真鍋　穣	共産	36,834
	尾立　源幸	民主	33,392
	西村　真悟	自由	28,345
	平田　多加秋	無所属	28,184
	中北　龍太郎	社民	9,190
	得票総数		177,726

4 章 小選挙区制はどの程度民意を代表するか　101

表4.2　仮説的二分型投票　大坂17区

立候補者		所属政党	獲得票数 (H.12.6.25)	尾立源幸に 投じた人から	西村真悟に 投じた人から	中北龍太郎に 投じた人から	総得票数 (二分型投票)	順位
当	岡下　信子	自民	41,781				41,781	4
	真鍋　穣	共産	36,834			9,190	46,024	2
	尾立　源幸	民主	33,392		14,092		47,484	1
	西村　真悟	自由	28,345	16,696			45,041	3
	平田　多加秋	無所属	28,184				28,184	5
	中北　龍太郎	社民	9,190				9,190	6
得票総数			177,726					

補者の当選を期待しています．そこで，中北龍太郎に投票した人は全員尾立源幸にも投票します．その他の候補者の支持者は他の候補には一切投票しません．このような仮定のもとでの投票結果は表4.2となります．

この場合，順位が相当入れ替わり，実際には3位であった尾立源幸が47,484票を獲得して当選します．実際に当選した岡下信子は4位に後退します．失意の投票者は130,242名へと若干減少し，その比率も73.3％となります．

4.1.2　候補者乱立の選挙区

次に，最も多くの候補者が立候補した選挙区を調べてみましょう．選挙区当たりの最大立候補者数は7人で，岩手3区，神奈川4区，東京3区，熊本5区の4選挙区が該当します．このうち，票が最も分散しているのは，岩手3区で，上位2者，上位4者の得票の合計の全投票数に占める比率は，それぞれ，58.3％，84.9％です．この岩手3区の確定投票結果は表4.3の通りでした．この表では，獲得票数の多い順から並べてあり，当選者は黄川田徹です．失意の投票者は131,734名で，比率としては69.1％になります．

表4.3　岩手3区選挙結果
（平成12年6月25日）

立候補者	所属政党	獲得票数
当　黄川田　徹	自由	58,776
中村　力	無所属	52,368
志賀　節	自民	30,623
佐々木　洋平	保守	20,000
熊谷　修二	民主	15,483
菊池　幸夫	共産	10,414
加藤　正	無所属	2,846
得票総数		190,510

a) ケース1

これから先の話は仮想ですが，この選挙区で，二分型投票を用い，当選者が変わるケースを考えてみましょう．この選挙区は自由党の地盤ですが，厳しい選挙が予想され，是が非でも議席を確保するために，自由党支持者は黄川田徹だけに投票し，他の立候補者には一切投票しないものとします．無所属の中村力に投票した人の政治的思想はさまざまであり，各25％が志賀節，佐々木洋平，熊谷修二の各候補者にも投票するとします．この場合，中村力に対し，彼にしか投票しなかった人もいるでしょうし，2票，3票，あるいは4票投じた人もいるでしょう．自民党と保守党は選挙協力をしており，志賀節に投じた人は全員佐々木洋平にも投票します．佐々木洋平に投じた人も，当然，全員志賀節にも投票しますが，保守党支持者の中には民主党に近い人も多くおり，50％の人が熊谷修二にも投票するとします．熊谷修二に投票した人の中にも保守党に親近感を寄せている者が多くおり，50％の人が佐々木洋平にも投票します．菊地幸夫および加藤正に投票した人は他の誰にも投票しません．このように仮定した場合の結果は次の表

表4.4 仮説的二分型投票 岩手3区ケース1

立候補者	所属政党	獲得票数(H.12.6.25)	中村力に投じた人から	志賀節に投じた人から	佐々木洋平に投じた人から	熊谷修二に投じた人から	総得票数(二分型投票)	順位
黄川田 徹	自由	58,776					58,776	3
中村 力	無所属	52,368					52,368	4
志賀 節	自民	30,623	13,092		20,000		63,715	2
佐々木 洋平	保守	20,000	13,092	30,623		7,741	71,456	1
熊谷 修二	民主	15,483	13,092		10,000		38,575	5
菊池 幸夫	共産	10,414					10,414	6
加藤 正	無所属	2,846					2,846	7
得票総数		190,510						

4.4になります.

このケースでは，上位4名の順位が大幅に変わり，佐々木洋平(保守)が当選することになります．このときの失意の投票者は119,054名で，比率も62.5%と若干下がり，より民意が反映された結果となります．

このように候補者が乱立している時に，最もよくありそうなケースは，上位2者に票が集中する場合です．次に，そのようなケースを考えてみましょう．

b) ケース2

この選挙区は激戦区ですが，事実上，黄川田徹と中村力の一騎打ちと予想されています．そこで，黄川田徹に投票した人および中村力に投票した人は他の立候補者には一切投票しないとします．他の候補者は単独では泡沫候補にすぎない存在なので，自民，保守，民主3党の支持者は，それぞれ，友好関係にある党・候補者にも投票するとします．その結果，志賀節に投票した人の25%が中村力と佐々木洋平に，

表4.5 仮説的二分型投票 岩手3区ケース2

立候補者	所属政党	獲得票数(H.12.6.25)	志賀節に投じた人から	佐々木洋平に投じた人から	熊谷修二に投じた人から	総得票数(二分型投票)	順位
黄川田 徹	自由	58,776			7,741	66,517	2
中村 力	無所属	52,368	7,656	10,000		70,024	1
志賀 節	自民	30,623		5,000		35,623	3
佐々木 洋平	保守	20,000	7,656			27,656	4
熊谷 修二	民主	15,483				15,483	5
菊池 幸夫	共産	10,414				10,414	6
加藤 正	無所属	2,846				2,846	7
得票総数		190,510					

佐々木洋平に投票した人の50%が中村力に，25%が志賀節に，熊谷修二に投票した人の50%が黄川田徹に，それぞれ投票するとします．一方，菊地幸夫と加藤正に投票した人はほかの誰にも投票しません．その結果は上の表4.5に示されます．

この場合は中村力が70,024票獲得し，66,517票の黄川田徹を破って当選します．このときの失意の投票者は120,486名で，その比率は63.2%となります．

以上二つの仮説例では，実際の選挙結果と比べて，いずれも当選者が変わり，失意の投票者も減少しています．しかし，民意の反映という点ではあまり改善していません．

4.2 圧勝区

上記2例は，二分型選好に基づく投票によって当選者の変わりうる可能性が最も高いと思われる例でした．今度は，二分型選好に基づく投票によっても当選者が変わりそうもない結果の例として，熊本4区を挙げてみましょう（表4.6）．

表4.6 熊本4区選挙結果
（平成12年6月25日）

立候補者		所属政党	獲得票数
当	園田　博之	自民	149,156
	岩城　浩志	自連	21,028
	福田　慧一	共産	18,188
得票総数			188,372

当選者園田博之の得票数は149,156票で，全投票の79.2%を獲得しています．すなわち，失意の投票者は39,216名で，その比率も20.8%と低い数値を示しています．このように，当選者が圧倒的多数の得票を得ている場合には，実際問題として二分型投票でも逆転は起こりにくいと思われますが，理論的には逆転が可能です．たとえば，この選挙区は強固な保守の地盤であり，政治思想的には園田博之も若城浩史もほとんど差が認められないくらいの保守なので，多くの有権者は基本的にはどちらが当選してもかまわないと思っていますが，従来からの地縁的関係で，自民党の候補者に投ずることが慣習になっているとします．そこで，二分型投票では，園田博之に投票した人の80%が若城浩史にも投票したとしましょう．このような保守王国の選挙区で，若城浩史に投票した人は，それなりの確固とした政治理念を持っており，それゆえ，他の候補者には投票しないとします．一方，福田慧一に投票した人は，自民党王国を少しでも突き崩すため，全員が若城浩

表4.7 仮説的二分型投票　熊本4区

立候補者		所属政党	獲得票数 (H.12.6.25)	保岡興治に 投じた人から	祝迫光治に 投じた人から	総得票数 (二分型投票)	順位
当	園田　博之	自民	149,156			149,156	2
	岩城　浩志	自連	21,028	119,325	18,188	158,541	1
	福田　慧一	共産	18,188			18,188	3
得票総数			188,372				

史にも投票したとします．このように仮定すると，首位が逆転し，若城浩史が当選することになります（表4.7）．

この場合，失意の投票者は39,216名から29,831名へと減少し，その比率も，20.8％から15.8％へ減少します．

4.3 まとめ：二分型投票からみた小選挙区制

以上の分析から，小選挙区制に関し，次のようなことが言えるでしょう．現行の一人1票方式と二分型投票方式を比較すると，一般に，後者の方が前者より失意の投票者の比率が下がると言っていいでしょう．すなわち，後者の方がより民意を反映した投票方式だろうということです．可能性としては，二分型投票方式のもとで失意の投票者が劇的に減少する場合も考えられますが，少なくとも，本章で引用した3例を見る限り，この投票方式のもとでも，失意の投票者の数はそれほど劇的に減少していません．その理由は次のように考えることができるでしょう．

まず，一人の候補者が圧倒的に強い場合（熊本4区の例），二分型投票方式に変えても，失意の投票者が減少する余地が元々あまりないことは明らかです．したがって，実際に投票方式を変えても逆転の可能性はあまりないでしょう．単純に考えれば，この場合，圧勝ですから，民意は十分反映していると言えます．しかし，ここで示した仮設例のように，多くの投票者は，候補者間の違いを殆ど感じないが，一人1票といった制度上の制約で圧勝という結果になっているケースもあります．このような場合には，一人1票方式の下では，圧勝という表面的な結果しか分かりませんが，二分型投票方式を用いれば，投票者の意思を（全てとは言えませんが）ある程度推し量ることができるでしょう．この意味でも，一人1票方式よりも二分型投票方式の方が優れ

ていると言えます.

　一方,激戦区においては,二分型投票方式を用いると,現行の一人1票方式の場合と比較して,当選者が変わったり,得票順位が大幅に入れ替わる可能性は高くなりますが,結局は僅差での票の奪い合いになるので,失意の投票者の数はそれほど減少しない可能性があります.特に,投票者の多くが常に正直に投票する場合にはそう言えます.このような状況の原因は,当選者を1名に限定するという小選挙区制の制約からきています.この時の問題は,たとえば,大阪17区でのように,全投票のたかだか20数％の得票数しか得ていない当選者を果たしてその選挙区の民意を代表している人物と言えるだろうか,という点です.当選者は民意を代表していなければならないという前提に立つ以上,「多数決で決める」という意味は「当選者は全投票の少なくとも過半数を獲得している」ことと理解するのが素直な考え方ではないでしょうか[(4)].そうすると,立候補者が3名以上の選挙区では複数の当選者を認めるのがより民意を反映した選挙制度と言えるでしょう.事前に,得票数に課された条件を満足している候補者が複数存在する場合には,どの候補者も過半数の得票を獲得していなくても,それらの候補者全員を当選とするという意味です.

　圧勝区の仮説例に関して述べた一人1票方式に対する二分型投票方式の優位性は,ここでも,当然,妥当します.要するに,小選挙区制よりも大選挙区制の方がより民意を反映し,しかも,投票者の意思や投票行動の中味もある程度詳しく推察されるので,大選挙区制に二分型投票方式を併せた選挙制度がより望ましい選挙制度ということになります.この結果は,今までの議論の流れから言って,妥当な結論と言えましょう.

　ところで,投票者が立候補者数以内で好きなだけ投票できるという

ことになると，集計が面倒になります．しかし，この問題は，コンピュータ・ネットワーク技術や IT 技術を利用すれば簡単に解決できます．この点を次章で検討してみましょう．

5章

選挙は自宅で[(1)]

5.1 電子投票化への動き

　前章までの説明で選挙における投票方式としては，従来の一人1票方式よりも，複数投票権を認める二分型投票方式の方が望ましいということが分かりました．この場合，問題となるのは，各投票者が立候補者の数の範囲内で重複せずに自由に行使できる投票数を集計する作業が，現在の人海戦術に頼る集計法ではきわめて面倒だという点です．しかし，これは今日の科学技術を用いれば何の問題もありません．今日広く社会に普及している正確かつ高速の処理能力を持つコンピュータ，および，高速・大容量の通信網を利用すればよいからです．実際，これらを利用した電子投票システムが実現可能な視野に入ってきています．1993年にオランダで電子投票がはじめて導入され，その後，米国，スウェーデンなどでも普及し始めました．ベルギーでも，1994年6月12日の欧州議会選挙に際し，全有権者の10％強を対象に，電子投

票が実施されました．2000年3月には，米国アリゾナ州で，民主党の大統領予備選挙にオンライン投票が用いられました．さらに，オーストラリア，キャンベラの州議会では，2001年10月の選挙で電子投票を導入しました（Parliament of Australia 2002）[2]．これは，4年後に在宅投票を導入するための予備実験だそうです．最近では，ドイツでも電子投票の研究が進められているとのことです．

わが国でも，電子投票の研究が進められてきましたが，1999年4月11日，統一地方選挙と併行して，川口市で電子投票の実験が行われました．さらに，2002年6月23日，岡山県新見市の市長・市議会議員選挙で全国初の電子投票が実施されました．投票端末機は銀行のATMと同じパネル式入力で，有権者は画面に表示された候補者の中から意中の候補者をタッチペンで触れるだけで投票が終了します．投票者の反応としては，「画面が見やすかった」とか「手が不自由なため，今までは候補者の名前を書くのに苦労したが，電子投票は楽だった」などとおおむね好意的だったようです．このシステムはネットワークではなく，各投票所に設置された投票機はスタンド・アロン型で，投票結果をCF（コンパクトフラッシュ）に記憶します．投票終了後，このCFが各投票所から開票所に集められ，開票作業が行われましたが，25分で完了したとのことです（Mainichi Interactive 2002）．開票作業といってもCFをコンピュータに挿入し，中に記憶されている投票データを読んで集計するだけですから，極めて簡単です．従来の人海戦術による開票に比べ，時間と費用が大幅に節約できたことは明らかです．

この種のシステムのプログラムをちょっと変更した電子投票システムを用いれば一人複数投票も簡単に処理でき，現在の一人1票方式によるよりも「失意の投票者」の数を減らし，より多くの民意を反映する選挙を実現することができます．たとえば，オーストラリアにおけ

る選挙は立候補者に対する順位付け投票ですから,手作業での集計には膨大な人員と時間がかかり,従来,選挙結果の最終的な確定まで数週間もの時間を要していました.もちろん,費用も莫大にかかります.これが,電子投票になれば選挙終了後直ちに結果が判明します.オーストラリア政府は,2005年頃を目途に有権者が各自の家庭から投票する在宅投票システムを導入しようとしています.これが実現すれば,マルチメディア社会の利点を,政府側だけでなく,住民側も十分に享受できるようになります.オーストラリアの政府関係者やマスコミが「世界初の本格的電子投票」と自画自賛するのももっともだとうなづけましょう.

5.2 コンピュータ・ネットワーク社会

前節で紹介したように,昨今,電子投票システムの試験的使用が多くの国々で試みられ,実用化への具体的な方向性が固まりつつありますが,そのほとんどはあくまでも電子投票システム実用化の入口に立ったという段階で,わたしたちが避けて通ることのできないコンピュータ・ネットワーク/マルチメディア社会の中で,現在の選挙制度,もっと大きな意味では政治制度・政治体制がどのように変わっていくのか,あるいは,変わるべきなのか,その中で,マルチメディア機器をつないだコンピュータ・ネットワーク・システムはどのような働きをするのか,についての議論は十分なされていないように思われます.つまり,現行選挙制度における電子投票システムの主たる位置付けおよび狙いは,投票者の利便性,制度の効率化と経費削減にあり,現行選挙制度の基本的性格まで変化するとは考えられていないように思われます.

形が中身を変えてしまうことがよくあります.コンピュータ化とか

マルチメディア化はこの典型です．今や，人々の考えかたや思考方法までがコンピュータやマルチメディア機器を利用することで根本的に変わろうとしています．たとえば，最近，CD-ROM を利用した電子出版物が一般に出回るようになってきましたが，哲学者黒崎政男氏はこの現象を「哲学のありかたを変えるほどの衝撃」と評しています（黒崎 1993）．選挙制度も例外ではありません．近い将来，選挙の投票はマルチメディア機器を通してコンピュータ・ネットワーク・システムにつながり，有権者が自分の家から投票する在宅投票システムになることは間違いありません．これは単なる時代の趨勢ではありません．現在の選挙制度と比較して多くの利点があるだけでなく，現在の政治体制をも一変するような可能性が秘められているのです．

5.3 電子投票の現状と問題点

選挙の投票に機械を用いる試みは1960年代より米国で行われてきたそうです．その狙いは，投票から集計までにできるだけ人手を介さないようにすることでミスや不正を減らし，かつ集計に要する時間を少なくすることにありました．もっとも，2000年の米国大統領選挙において，フロリダ州では，中途半端な機械化のせいで，判読不明の投票が多数発生し，票の確定にかえって多くの時間と労力を費やさなければならなかっただけでなく，法的には決着がついたものの，最後まで投票結果を確定することができなかったということは皆さんの記憶に新しいことでしょう[3]．機械化や効率化が必ずしも当初の目的を達成しないことがあるということは，教訓として心に留めておく必要がありますが，コンピュータを利用した場合には，少なくとも上に述べたようなあいまいさはありません．

わが国における電子投票システムの開発状況をみていくと，平成4

年にNTTデータ通信と東芝が電子投票の試作システムを完成しました．このシステムの端末機は銀行の現金自動支払い機（キャッシュ・ディスペンサ）と似ており，投票者はカラー液晶パネルの画面に表示された候補者の中から意中の候補者の番号をボタンで押して投票します．投票結果は専用回線を通してコンピュータに送られ集計され，投票締め切りと同時に当選者が判明します．このシステムには次のような利点があります．

(1)パネルに表示された候補者名の番号を押すだけなので，手書きでは判読不能な疑問票や無効票をなくすことができる．

(2)集計が速く誤りがない．これによって，開票作業に動員される膨大な人手とそれにかかる人権費が不要になるばかりでなく選挙行政も大幅に簡略化される．

この投票システムでも身代り投票など現在の投票制度でも生じうる不正が起こる可能性があり，当然，このような不正を防止する工夫がこらされています．たとえば，自治体は各投票者にその人の個人情報を記入したICカードを発行し，投票所ではこのカードで投票者本人の確認を行います．しかし，この投票システムの最も大きな問題点は，システム運用者や管理者，または，ハッカーによって個人の投票内容がのぞかれたり改竄されたり，コンピュータ・ウィルスによって集計結果が不正に変更されたり消されたりする恐れ，また，コンピュータ・システムの事故によって投票の記録が失われたりする危険性です．これらはコンピュータ・システムに特有な問題です．このような問題に対しては，暗号・認証技術を利用して投票を伝送したり，専用回線を用いたりするなどして投票内容の秘密保持と集計の正確性を高めると共に，端末側にも集計機能を持たせるなど，一部分散型システムまたはスタンド・アロン型システムにする対策をとっています．

このシステムを構築するための費用は総額 1 千億円程度と見積もられ，総務省も公職選挙法の改正を含めこの電子投票制度の導入に関する問題点の検討に乗り出しているそうです．この動きと直接関連しているのかどうか分かりませんが，同じような投票システムの実現を目指す超党派の国会議員からなる「電子式投票システム研究会」が発足しています．

このシステムでの投票は次のようになります．選挙投票日，投票所へ出かけます．受付ではあらかじめ自治体から送られてきた IC カードを提示して本人の確認をすませ，投票ボックスに入り，意中の候補者のボタンを押して投票終了……．

多くの人にとってこのシステムはまさにハイテク，夢のような投票方式に見えることでしょう．しかし，このシステムは，電子投票システムという全く新しいシステムをスタートさせるという意味では当然のステップで，堅実な選択ですが，できあがる前からすでに時代遅れです．なぜなら，このシステムには，わたしたちの眼の前にすでに広がっているマルチメディア社会を有効に利用しようとする意識が不充分だからです．国政選挙の場合，このシステムを用いても，今までと同じように全国約 5 万箇所の投票所が必要です．マルチメディア時代のキー・ワードは小型化とパーソナル化です．誰がわざわざ投票所にまで出かけて投票したいと思うでしょう．自分の家ですませられるならすませた方が楽で良いに決まっています．「そんなことができるものか.」と思われる方はこの章をじっくり読んで下さい．やる気になれば現在の通信網と技術でも数年で実現できるでしょう．さらに，電気通信審議会の答申（郵政省 1994）によれば，2010 年頃までには各家庭に光ファイバが引かれるそうですから，そうなれば自宅で投票をすませてしまうなんてことは技術と言えないくらいに簡単なことになって

しまいます．

　マルチメディア時代は同時にネットワークの時代です．コンピュータ・ネットワーク同士がネットワーク化する時代です．情報の伝達は瞬時に終り，いかに速く情報を得るかが成功と失敗の分かれ道になります．だから先進国は自国の命運をかけて社会インフラとしての情報スーパーハイウェイの構築に躍起になっているのです．わが国ではすでに（スーパーとまではいきませんが），充分使用に耐える通信網が整備されています．選挙の投票のためだけに専用回線を引くのはむだな投資のように思われます．公衆回線で充分でしょう．こういうと，皆さんから，「情報の管理はどうするのだ．」，「情報のセキュリティは守られるのか．」と怒られそうですね．しかし，ちょっと考えて下さい．選挙は私たちにとって確かに重要なことですが，多くの人々は数年に一回程度しか発生しない選挙の投票よりも自分の日常生活のほうが重要だと思っているのではないでしょうか．最近の低い投票率がこれを裏付けているように思います．事の良し悪しを論じているのではありません．多くの人は日常生活におけるさまざまな意思決定やその伝達に電話やファックスなど，公衆回線を利用した情報機器を使っているではありませんか．お金の出し入れも含め，時には他人に知られたら自分の人生が狂ってしまいかねないような情報もこれらの機器を使って気軽に流しているではありませんか．わたしの友人に，見ず知らずの人のプライバシーに関する情報をのせたファックスが間違って自分の手元に送られてきたという人がいますが，このような経験を持つ人は案外多いのではないでしょうか．投票者の投票内容がなんらかの拍子に他人に知れたからといってそれで投票者の人生が破綻してしまうとはちょっと考えられないでしょう．投票内容の秘密が守られ，集計結果が不正に変更されないシステムであることに越したことはありま

せんが，これはコンピュータ化された投票システムを実現するための費用とこのシステムのもつ信頼性とのバランスの問題です．いずれにしても，ここで論じている問題は専用回線にしたからと言って完全に防げる問題ではありません．結局，この問題は社会がどの程度のセキュリティでよしとするかにかかっていると言えましょう．[(5)]

5.4 IT 技術の現状

ここからは究極の投票システムとしての有権者が自宅から投票するシステム，すなわち在宅投票システムの可能性を検討します．

5.4.1 テレビ・電話は一人1台時代

今日，電話とテレビはどこの家庭にもあると思われます．ちょっと古くなりますが，郵政省（現総務省）の統計によると，平成2年におけるテレビと電話の普及状況は，NHK放送受信契約数が33,543（千世帯），加入者電話契約数が54,132（千台）です（郵政省 1993）．また，厚生省人口問題研究所によれば，全国世帯数は推定で，41,327（千世帯）となっています（厚生省人口問題研究所 1990）．

一方，日本電信電話株式会社（NTT）によれば表5.1に示すような電話に関するもう少し詳しいデータが得られます（日本電信電話 1991）．

歴年と年度の違いはありますが，両データ共，加入電話契約総数は

表5.1 電話種別加入契約数, 通信回数, 通信時間, 通話時間（平成2年度）

電話種別	加入電話契約数	通信回数	通信時間	1回当たり通話時間
	（万）	（100万回）	（100万時間）	（秒）
住宅用	3,700	26,242	1,900	261
事務用	1,748	46,371	1,453	113
計	5,448	72,613	3,353	（全体平均）166

ほぼ同じです．内訳についてはNTTのデータの方が詳しいので，本論では，電話に関してはNTTの数値を用いることにします．ここでの計算は厳密なものではなく，あくまでも概算ですし，データ自体動きが少ないので，歴年データと年度データを混在して計算しても問題はないでしょう．

このデータから，一世帯当たりの電話台数は0.90（＝3700/4132.7）となります．一般に，電話は一世帯に一台と考えられるので，統計的には約一割の世帯が電話を保有していないことになります．しかし，実際には，事務用として加入していながら住宅用としても利用していたり，一台の電話を複数の同居世帯が利用している場合があるので，住宅用電話の普及率はもう少し高くなるでしょう．この数値から，電話はほぼ全世帯に普及していると言えるでしょう．さらに，ここ10年ほど，携帯電話とPHSが爆発的に普及してきています．1998年12月末時点での携帯電話とPHSの加入数をみると，合計約4,500万台ですから，今日では2人に1台の普及率と言っていいでしょう．当然，通話回数や通話時間も急増しており，1997年度には，携帯電話とPHSによる通話回数が総通話回数の2割を越え，加入電話同士の通話回数は8割を切りました．携帯電話とPHSの普及は，電話を個人が所有する機器に変えました．

NHK受信契約は0.81で，これまた全世帯に及んでいませんが，受信契約数より実際にテレビを保有している世帯のほうが多いのは明らかです．一人住いの人を中心に受信契約を結んでいない人が多いと予想されるので，テレビも実質的に全世帯に普及していると言えるでしょう．最近では，各部屋にテレビが設置されている家も珍しくなく，自動車のカーナビでもテレビ番組をみることができます．電話もテレビも今やだれもが持っている普通の個人用機器で，共に，一家に1台か

ら一人に1台の時代に入ったといえるでしょう．

5.4.2 一体化するテレビとパソコン

一方，エレクトロニクス技術を中核とする情報化の波がさまざまなコンピュータ・システムのネットワークとなって社会を覆っています．この波は，今やマルチメディア化として家庭にも及びはじめ，電話やテレビをコンピュータ・システムと結んで，たとえば，ビデオテックスやテレテキスト，テレライティングなどといったさまざまなサービスが提供されています[6]．

最近では，さらに，テレビ一体型パソコンといってパソコンにテレビ・チューナをつけた製品がコンピュータ・メーカや家電メーカから発売されています．これだと，好みに応じて，ある時はテレビ，ある時はパソコンとして使えます．これに電話をつなぐのに必要なモデムやファックス機能のついたパソコンがすでに売り出されており，ケーブルテレビや電話線につなげば，たちまちバン（付加価値通信網）などのネットワークの端末に早変わりし，電話やファックスとしても使えるということになります．最近の傾向としては，インターネットを利用してこのような機能を利用するのが当たり前になりつつあります．このような機能を持つ端末を用いれば在宅投票なんて簡単です．こう見てくると，一頃論じられたメディアの王座をめぐってのテレビとコンピュータの主導権争いなどは最早問題ではありません．テレビはコンピュータの代わりをできませんが，コンピュータはネットワークを通じてテレビ放送を受・配信することができます．テレビはコンピュータ・システムの一機能とみなすことができるでしょう[7]．

5.4.3 余裕のある回線能力

さて,さまざまな端末が社会で広く使われるようになると,問題になるのは通信回線とネットワーク上のホスト・コンピュータ(=コンピュータ・センタの大型コンピュータ)の能力です.特に,今後は,文字情報に比べてデータ量がケタ違いに多い画像情報や動画情報が増えてくると予想されますので,通信回線には,大容量と高速性が要求されます.この点に関しては,1988年より,ISDNが実用化されています.これはディジタル回線の通信網で,一本の線で音声,データ,画像,ファックスなどの異なる情報を同時に送ることができ,多様なサービスに総合的に応えることができます.現在の通信速度は普通の電話回線の25〜650倍程度ですが,さらにこの100倍以上速いB-ISDNが第2世代ISDNとしてすでに実用化実験に入っています.[8] このシステムでは回線を各家庭まで光ケーブルで引かなければならず,普及には費用と時間がかかりますが,ハイビジョンテレビの画像も楽に送ることができ,テレビ電話も容易に実現できます.家庭にいながらにして,世界の美術館や図書館を自分の思うままに利用することも夢ではありません.電気通信審議会の答申では2010年までに光ケーブルが全国の家庭に接続されるそうですし,NTTの計画でも,1995年頃から企業を中心に接続が開始され,2015年頃までには全国の各家庭がつながるとのことです.したがって,今述べたような機能は遅くとも2020年頃までには全国に普及していると見て良いでしょう.

以上の話を先取りした形で,NTTは1990年に,21世紀における高度情報通信サービスに関するビジョンとして,VI&P計画を発表しています.これによると,わたしたちは近い将来,高細度映像通信,大画面・多画面映像通信,機密保持通信,親展通信,利用者がサービスの内容を変更できるオーダーメイドサービス,いたずら電話防止用選択通信,翻訳通信などのサービスを受けることができるようになるそう

です．これらの機能のいくつかは，初歩的な段階ではありますが，すでに通常の電話や携帯電話などに組み込まれ，実用化されています．

実は，このVI&P計画が米国のゴア前副大統領を大いに刺激し，いわゆる情報スーパーハイウェイ構想を生んだと言われます．それが今度は逆にわが国を刺激し，大騒ぎとなり，電気通信審議会の答申を引き出しました．ブーメラン効果ですね．

計画通りにうまく事が進むかどうかは分かりませんが，VI&P計画に描かれているようなサービスがいずれ実現するのは間違いありません．ホスト・コンピュータの能力については後述します．

5.5 在宅投票システム

ここまで来ると，各家庭に，電話とテレビをつないだり，電話にビデオ画面をつけた端末を設置した，選挙用の新しい投票システムを容易に想像できます．すなわち，有権者は画面で立候補者の演説や公約，経歴を知り，電話機能を使って投票します．先述のテレビ一体型パソコンを使えば，投票はさらに簡単になります．携帯電話やPHSから投票することだってできます．コンピュータは電話回線を通じて入ってくる各有権者の投票を集計して候補者毎の得票数を出します．投票締切時間を過ぎて程無く当落が判明するということになります．

技術的に特に大きな問題はもはや存在しません．できるだけ早く実現したいとするならば，特に厳密な意味での動画の転送は必ずしも必要とは考えられませんので，現在の通信網でも充分用を果たせるでしょう．在宅投票システムの完成までの暫定的移行システムとして，総務省やコンピュータ・メーカが現在考案中の，投票所における電子投票端末を考えることができます．在宅投票システムを構築するにあたっては，技術的な問題はないので，作る気になりさえすれば10年もあ

れば十分実用化できるでしょう．問題は，人々の意識と家庭用端末の普及です．インターネットのような全国的なコンピュータ・ネットワークにつながっているパソコンを保有している人は容易にこの投票システムに参加することができますが，そうでない人達には少し工夫が必要になります．コンピュータ・ネットワークを利用していない人のために，各家庭の電話とテレビまたはビデオ画面を接続する必要があります．そのためには，今後売り出されるテレビには必ずインターネットなどの外部コンピュータ・ネットワークに接続できる機能を組み込むとか，このような機能を従来のテレビに簡単に接続できるデバイスを開発・販売することが必要になるでしょう．また，電話やテレビを所有していない人や，所用で自宅を離れている人が投票できるように，ビデオ画面つきの公衆電話を設置したり，携帯電話やPHSにその機能を加えるということも考えられます．このような端末の開発には本章5.2で紹介した押しボタン式投票マシンの技術を利用することができるでしょう．技術的にはさまざまな形態が考えられるので，今後，どのような端末を採用すべきか検討を要しますが，システムとしての基本的機能さえ統一しておけば，後は，メーカの自由な競争に任せておくことで，利用者にとってより便利な端末が開発されるでしょう．とりあえず，本論ではテレビと電話が結合したシステムとして話を進めます．

この新投票システムにおける回線やコンピュータにかかる負担については5.6節で述べます．

5.5.1 現在の投票システムとの比較

a) 在宅投票システムのメリット

① 投票率の向上

上に提案した選挙用の新しい投票システムをもっと具体的に理解するために，現在の投票システムと比較してみましょう．

　まず，現在のシステムでは，有権者は指定された投票所までわざわざ出向かなければなりません．この面倒くささは少なからず投票率を下げているでしょう．投票率が投票日の天候に左右される事実はこれを裏付けているように思われます．これに対し，新システムでは，自宅で投票を済ませることができます．また，電話を保有していない有権者のために，公衆電話ボックスや市町村役場，郵便局，駅などの公共機関にビデオ画面付電話を設置する必要があります．テレビと電話をつないだ端末はすでに存在し，技術的にもコスト的にも問題はないので，設置は容易でしょう．また，この端末では，全国どこの選挙区の立候補者についても，その選挙演説や公約，経歴などをすぐに画面に映し出すことができます．このシステムは決められた投票日時にしか投票を受け付けませんが(9)，電話料金はシステム側，実際には選挙を施行する政府・自治体が持ち，有権者は支払わなくてよいようにしておけば，どこから投票しても，コンピュータ側がどの選挙区への投票かを直ぐに正確に判断し，該当する選挙区への投票として受け付けることができます．つまり，どんな遠隔地からでも簡単に投票できるので，不在者投票の制度も不要になります．このように，新システムでの投票は極めて簡単なので，投票率の向上が期待できます．

　さらに，近年問題になっている海外在住者の投票に関しても，システム的には何の問題もありません．インターネットなどのネットワークを利用するなら，現地のパソコン上から基本的には国内と同じやりかたで投票が可能です．最低限，立候補者の氏名と番号が分かっていれば，電話で投票ができます．

② コストの大幅削減

投票を管理する側では次のようになるでしょう．まず，新システムでは，国政選挙の場合，現在のシステムが必要とする全国約5万箇所という膨大な数の投票所とそこに必要な選挙管理要員が不要になります．在宅投票システムに置き換えた場合のコスト削減は，現行選挙システムはおろか，現在開発されている電子投票システムと比べても，比較にならない程大きなものとなります．この点を考慮すると，在宅投票システムの早期実現のために，政府が，端末やデバイスの製造・設置に関して補助金を出す政策も考えられます．なぜなら，在宅投票システムは一度構築すればそれで完成で，その後は運用コストとメンテナンス・コストくらいしかかかりませんが，現行の投票システムは，これを採用している限り，選挙の度に膨大な支出が避けられないからです．

投票者本人の確認については，厳密に言えば，いかなるシステムにおいても問題が残ります．現在のシステムでは「生年月日」などの個人情報で確認していますが，新システムでは，この他に，住所，銀行キャッシュ・カードの暗証番号，厚生年金保険や国民年金の番号，印鑑登録，納税者番号制度が導入された場合にはその番号，さらに将来的には声紋・指紋などの単独または組み合わせでの利用が考えられます．先に紹介した電子投票システムのようにICカードを投票者確認に用いるという手もあります．銀行のキャッシュ・カードの経験からみて，現行の投票システムより信頼性は高いでしょう．

投票箱を開票所まで運ぶにあたって，現在のシステムでは当然輸送上の安全性が保証されなければなりませんが，新システムではこのような心配はありません．

開票と集計については，現在のシステムは人海戦術を用いており，

非常にコストがかかります．何段階もの集計・転記作業があり，誤りを防ぐため，多くの確認作業が入り，これらの作業を監督・監視する人員など，多くの人手が必要な上，時間がかかります．それでも，時折集計ミスが生じ大問題になります．新システムでは，人間の手を全く介さないので，このような誤りは生じません．開票作業は不要，集計も正確で，投票締切後すぐに選挙結果を出すことができます．投票率を時々刻々発表することも可能です．

b) 在宅投票システムの問題点

有権者の自由な投票と投票内容の秘密保持も，どのような投票システムを採用しようが完全には保証することのできない問題です．現在のシステムでは，有権者が，投票所において，多くの人が見守る中，隔離されたボックスの中で候補者を選ぶという形になっており，形式的には，投票の秘密が保たれると同時にその自由も保証されています．これは5.2節で紹介した電子投票システムでも同じです．この点については，新システムには問題があります．つまり，有権者は基本的には自分の家や外出先で投票を行うので，投票管理者側はその投票行為を直接見ることができません．つまり，有権者が自分の意思で投票しているのか，他人の脅迫などのもとで偽りの投票をしているのかチェックできません[11]．また，通常は，投票の記録がコンピュータに残るので，投票の秘密が完全に守られるかどうか不安があります．この点については後でもう少し詳しく検討してみます．

5.5.2 すぐにも可能な在宅投票システム

a) 回線負荷

5.3節で見たように，在宅投票システムには技術上それほど大きな

ネックはないでしょう.総選挙を例にとると,投票日の電話通話回数は,全有権者が投票するとして,普段より9,000万回程度増えることになります[12].単純に計算して,一世帯当たりの電話通話回数が普段より2.18回多くなります.

ここで,通信回線にかかる負荷を計算してみましょう.先にあげたNTTのデータによれば,平成2年において,一日当たり平均通話時間累計は,住宅用電話で519.21(万時間),事務用電話で398.18(万時間)です.これから電話機1台の一日当たり平均通話回数と通話一回の平均通話時間を計算すると,住宅用電話では,平均通話回数は1.94回,平均通話時間は4.34分,事務用電話では,平均通話回数は7.27回,平均通話時間は1.88分となります.これから,一世帯当たり,一日平均7.58分通話していることになります.

ところで,電話での投票において通話時間を規定するのは,有権者本人の確認処理と画面に示された候補者リストから票を投ずべき候補者を選択する行為です.本人確認には厳しい正確性が要求されますが,二重・三重にチェック機能をつけるにしても,銀行カードの確認処理時間の経験から見て,1分もあれば充分でしょう.投票のほうは単に候補者を選ぶだけですから,現在の制度において投票者がボックスの中で投票したい候補者の名前を投票用紙に記入する時間より短くてよいでしょう.どう多く見積もっても,1分もかかりません.したがって,一回の投票に2分もあれば充分と考えられます[13].つまり,投票に要する通話時間の総計は,300万時間(= 2分×9,000万人/60分)となります.以上から,投票日における電話回線の利用率を単純に計算すると,33%(= |(300+519.21+398.18)/(519.21+398.18) − 1| × 100)の増加となります.

ところで,投票日は通常日曜日なので,事務用電話の使用は平日よ

りもかなり低いと思われます．そこで，日曜日の事務用電話の使用頻度を平均の1/2と想定してみましょう．これはそれほど極端な仮定ではないでしょう．そうすると，電話回線の利用率は11%（=|(300+519.21+398.18/2)/(519.21+398.18)−1|×100)となります．すなわち，この投票システムによる電話回線の利用率は平日に比べ，10〜35%程度増えるものと予想されます．この利用率は，通信回線の通信速度・容量が増加すれば当然小さくなります．この計算には，携帯電話やPHSによる通話時間とそれらによる回線負荷，および，近年急増しているインターネット利用による回線負荷が含まれていません．[14] 今日，携帯電話やPHSの普及率は二人に1台とも言われ，その利用時間も，インターネット同様，等比級数的に増加しているものと思われます．しかし，先の計算から見る限り，回線にはまだかなり余裕がありますし，NTT以外の第1種通信事業者も増えており，回線能力には充分余裕があると思われます．

厳密な計算ではありませんが，投票がある時間帯に極度に集中しない限り，現在の通信網でも充分対応できるものと予想されます．人気アーティストのコンサート・チケットの予約・販売など，一時的に回線能力を超える場合には，そのような回線利用を停止し，投票を優先するという手段もあります．

b) ホスト・コンピュータの処理能力と分散型システム

通信回線には充分な余裕があるとしても，ホスト・コンピュータにかかる負担が大きくなると心配する人もいるでしょう．しかし，全投票を一つのホスト・コンピュータに集中させる必要はありません．コンピュータの負担を軽減し，投票の秘密を守るために，たとえば，現在の選挙管理委員会を利用して,「市町村―都道府県―中央」の3段階

分散システムを考えることができます（図5.1参照）。有権者が投票する時，電話はその人が住む市町村の選挙管理委員会が管理するコンピュータにつながります。ホスト・コンピュータは，投票者を確認するためのファイル，すなわち，有権者データ・ベース，と投票を集計するファイルを持っています。ホスト・コンピュータは，本人確認のためのファイルをチェックして本人を確認してから投票を受け付け，ファイルに投票済みのマークを付けます。これで一投票行為が完了です。投票結果は投票集計ファイルに蓄積されます。ここではだれがだれに投票したかはわかりません。市区町村の選挙ではこれで終わりです。選挙終了後直ちに結果が明らかになるでしょう。衆議院の小選挙区選挙などでは，各市町村のホスト・コンピュータが集計結果を都道府県選挙管理委員会の管理するホスト・コンピュータに適宜送ります。衆

図5.1　コンピュータ・ネットワークを利用した投票システム

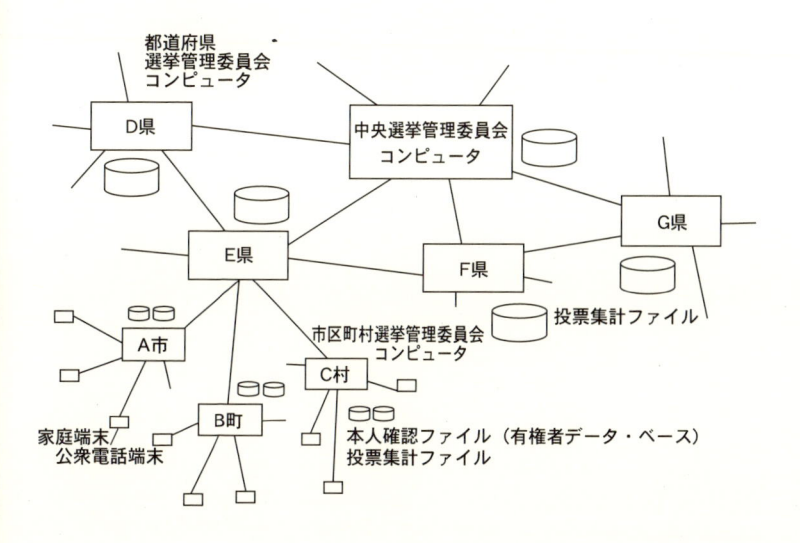

参両院の比例代表選出議員の選挙では、さらに、ここから中央選挙管理委員会の管理するホスト・コンピュータに集計結果を送ればよいのです。中央および都道府県の選挙管理委員会の管理するホスト・コンピュータがこの他に行うことといえば、投票者が自分の選挙区以外から行う投票の転送（メッセージ・スイッチング）だけです。今日、分散システムやネットワーク・システムが非常に発達しているうえ、回線速度も速いので、投票が集中してもシステムの作りかた次第でうまく処理できるでしょう。

今日、人気アーティストのコンサート・チケットの電話予約などでは特定番号に電話が集中するために、予約がきわめて困難になるという現象がよく生じます。これと同じことがここに提案するシステムでも生じる可能性があります。特に、インターネット・プロバイダの回線接続点のサーバの中には容量の小さいものがあるので、このような事態が発生しやすいでしょう。事実、2000年3月に行われた米国アリゾナ州における民主党大統領候補予備選挙でこのような事態が発生しています。要するに、問題は、ホスト・コンピュータや中継サーバ（つまり、特定の電話番号）に最も頻繁に電話がかかってくる時間帯、すなわち、ピーク・トラフィック時をいかにうまく処理するか、です。これに対する対策は、ホスト・コンピュータや中継サーバにかかってくる電話による回線負荷をできるだけ平均化するシステム的工夫とそれに応じた運用体制を確立することです。たとえば、現在の選挙制度での投票時間帯（7:00～20:00）を変更するとか前後に延長するという方法も考えられます。自分の家から投票できるのならこの案はかなり有効でしょう。また、トラフィックが極度に集中する場合には、投票者のID番号とその投票結果を受け付けるだけとし、処理能力に余裕のあるときに処理するなどの工夫が考えられます。このような場合、

特に二重投票を防止するための投票の時間管理が最も重要になるでしょう．

これまではホスト・コンピュータを核とする分散型システムを論じてきました．しかし，これはあくまでも一例に過ぎません．特に今日では，一般用のPC（パーソナル・コンピュータ）の能力が飛躍的に向上し，20年前の大型コンピュータの能力をしのぐまでになっています．したがって，PCをつないだネットワーク・システムを考えることもできます．この方が，今まで述べてきたシステムよりも効率的で安く，しかもシステムの構築・変更が容易であろうと推測されます．いずれにしても，基本的なネットワーク形態は同じです．

5.6 在宅投票システムの先に見えてくるもの

上の議論から，現在の投票システムに対する在宅投票システムのメリットは以下のようにまとめられます．

- 投票の容易性とそれによる投票率の向上
- 選挙において，投票管理，集計に関わる費用の大幅な削減
- 迅速で正確な集計と結果の発表

これらのメリットは，単に現在のシステムの代替案として以上に新システムの利用可能性を高めます．まず，国民投票や住民投票を容易に実施することが可能になります．もっとも，現在わが国には国民投票を規定する法律がないので，これに関してはまず法整備を行う必要があります．

また，選挙法改正，米に代表されるような社会的・文化的に重要な意味を持つ財の輸入自由化，少年法の改正などといった特定の法案，消費税率の引き上げ，国連常任理事国入り問題など，国民の意見が大きく割れていたり，議論が必要と思われる問題に関して，世論を的確・

迅速に把握することができます．もっとも，政府が直接アンケート調査を行うことはできません．しかし，社会インフラとしての通信網が整備され，通信単価が安くなれば，住民の意識調査・需要動向などを専門とするビジネスが増えることは明らかで，政府も必要に応じてこれらの調査結果を買うようになるでしょう．

システム的には，有権者との会話も可能ですから，人びとの意見をオープンに受け付けることで，国民に議論の場を提供することもできます．また，選挙がないときはこのシステムに人びとの意見を受け付けさせることもできます．これなどは，各自治体が住民に対する行政サービスの一環として行えるものでしょう．

つまり，この在宅投票システムの導入によって，現在の，有権者の代弁者としての議員に政治をゆだねる間接民主制を有権者自身が直接政治に参加する直接民主制に近づけることができるようになります．政治に直接民主制の色彩が強まれば，現在の議員定数を（大幅削減の方向で）見直す必要が出てくるかもしれません．また，首相公選制を具体化する際の有益な手段になるかも知れません．もっとも，その場合には，まず，政治制度の大幅な変更が必要になるでしょう．この点に関しては，序章を参照してください．

一般には，国民の意思をなるべく政治に反映させられるという点で，間接民主制より直接民主制のほうが優れていると考えられているようです．その意味では，今まではごく限られた人口の社会を除いては制度的に不可能であった直接民主制への道を，今日のコンピュータを中心とするIT技術が大きく開いたとも言えます．しかし，ナチスドイツやイスラム原理主義のように，社会全体の意思が狂気とも言える状態，すなわち，ダール（Dahl 1985）の言葉を借りれば，大衆に基盤を持った強権体制[16]に陥ることもないとはいえないので，直接民主制のほうが

間接民主制より優れているとは簡単には言えません．

5.7 在宅投票システムの運用上の問題点と対策

在宅投票システムもいいことづくめではありません．次のような問題点があります．

まず，先にも挙げましたが，このシステムでは，投票者が他人の買収や脅しを受けず，自分の意思に従って投票しているかどうかを厳密にチェックすることが困難です．対策としてはテレビ電話を用いるという手も考えられます．ハード的，ソフト的にいくつかの手段は考えられますが，いずれも，問題を完全に解決するわけではなく，結果的にはシステムの利用法を複雑にするので，あまり有効とは思われません．まず，自分の意思を曲げて投票せざるをえない有権者の全有権者に対する比率を分析する必要があるでしょう．この比率が誤差の範囲内にあり，全体としての意思に影響しないとするならば，この問題は大きな問題ではありません．携帯電話やPHSの普及は個人の投票時間や場所を自由に変えられるので，投票者が自分の自由意思で投票するチャンスを広げるでしょう．

投票の秘密保持の問題も厄介です．コンピュータは通常，自分の実行した処理に関する記録を残しているので，個人の投票内容がなんらかの形で外にもれないとも限りません．ソフト的に，投票者が投票したという証拠だけを残し，その投票内容に関する全ての情報を，ただちに，または一定時間の後に消してしまう，という手はあります．秘密保持の面で，分散型システムと集中型システムのどちらが優れているかに関しては何とも言えません．集中型システムの場合は，基本的にはコンピュータ・センタを確実に防御していれば，秘密が外にもれる可能性は低くなりますが，一旦洩れた場合の影響力は非常に大きい

でしょう．これに対して，分散型システムの場合は，秘密がもれた場合の社会に与える影響は集中型システムより小さいでしょうが，防御すべき場所の数が多いので，秘密漏洩の可能性は高くなります．

個人の秘密保持やプライバシー保護の観点からもう一つ重大な問題があります．端末からホスト・コンピュータを呼び出す場合，技術的・コスト的に最も容易なのは，各人がID番号を持ち，その番号を端末から入力する方式です．この場合，国民総背番号制に関する議論に配慮する必要があるでしょう．

また，この新システムの管理者・運用者が情報操作を行うかも知れないという問題があります．システムの管理者・運用者は，始めは政府・地方自治体とならざるを得ないかも知れませんが，将来，司法，行政，立法の三権とは独立した組織を作り，これに運用を任せれば，この危険性を避けられるのではないでしょうか．現在の選挙管理委員会を三権とは独立した中立機関とする案もあるでしょう．仮に，そうすると，その役割として，次のようなものが想定されます．

(a)国民の意識の調査・分析を随時行う．ここには，単に，選挙や国民投票・住民投票の実施にとどまらず，有権者の好みや傾向，投票パターンの分析等も含まれます．同時に，国民の自由な意見を日常的に受け付ます．これによって，政策立案や法整備，行政運営に極めて有効な示唆が得られるでしょう．

(b)情報の完全な公開を原則とします．例外は個人のプライバシーに関わる情報だけです．

選挙管理委員会をこのような独立機関とすると（その名称を改めなければなりませんが），その公開する情報を，行政，立法，司法の三機関はそれぞれの職務遂行に当たって参考にすることができるでしょう．

一方，システムに関する問題としては，通信回線やコンピュータに

かかる負荷の他に，有権者データ・ベースの構築・保守やハッキング／ウィルス対策などがあります．本システムがネットワーク・システムである以上，ハッキングやウィルスの侵入を完全に防ぐ手段はないでしょう．しかし，現在利用されている多くのネットワーク・システムでみる限り，あまり問題にはならないものと思われます(17)．

有権者データ・ベースの構築に関しては，独自に作るのではなく，地方自治体の持つ住民票データを利用するのが経済的です．ただし，プライバシー保護のため，必要なデータだけしか利用できないようにする工夫が必要になります．住民の転入・転出に伴うデータ・ベースの更新は，すぐにその場でというわけにはいかないでしょうが，3カ月以上住んでいる地区での選挙に投票権を与えるという現在の制度においては，問題は生じないでしょう．

5.8 在宅投票システム実現に向けて

今まで述べてきた在宅投票システムの組織および運用に関する案はもちろん私の個人的な意見であり，また，今すぐに完成するという話でもありません．しかし，ここで述べたような投票システムだけなら，今後数年以内に実現することも可能であり，いずれにしても，近い将来出現するのは確実でしょう(18)．

いずれにしても，選挙制度，投票制度にコンピュータ・ネットワーク・システムを導入するに当たっての法制度および運用制度の確立が急がれます．制度としての枠組みが決まれば，従来のシステム構築の歴史にてらし，技術的課題は何とか克服できるでしょう．システム設計の常道から言えば，具体的な試験的システムを作り，さしさわりのなさそうな問題から手を付け，実際どのような問題が生じるかを調べ，一つ一つ解決していくことになるでしょう．どんな問題が生じるか分

からない面も多いので，政府・自治体が，住民の中から選んだモニターの住宅，公的機関や街角などに端末を設置し，政府・自治体のコンピュータとつないだシステムを作って基礎実験を行う必要があるかも知れません．行政に関する住民の意見を聞くサービスを通して，ノウハウを蓄積し，国民（住民）投票へとサービスを拡大していくのがよいでしょう．その意味では，現在試みられている多くの電子投票システムの実験は堅実なシステム構築法に従っていると言えましょう．

端末設計に当たっては，利用者である投票者にとっての操作の容易性に充分注意が払われなければなりません．本論では，端末操作に関し，プッシュ式またはダイヤル式の数字入力・選択か，せいぜい，英数字入力・選択しか想定していません．しかし，銀行の現金自動支払い機（CD）や現金自動受払い機（ATM）で用いられているようなタッチ式入力や表示選択方式を利用したり，ライトペンなどのポインティング・デバイスを使用できる端末を考えることができます．将来的には，画像（手書きの漢字・仮名）や音声での入力なども可能になるでしょう．システムとのより柔軟なヒューマン・インターフェースが実現することによって，身体障害者や高齢者にとっての操作性も向上するでしょう．端末の容易な操作性は，誤動作とそれによる誤投票を防ぐという点からも重要な問題です．

また，ここで論じたシステムが単に選挙の投票に用いられるだけならはなはだ不経済です．しかし，この点に関しては余り心配ないでしょう．まず，電話とテレビはすでに広く普及しており，社会のインフラストラクチャーとして完成しています．加えて，電話とテレビはお互いの欠点を補える関係にあります．すなわち，電話は，会話はできますが相手側が見えません．これに対し，テレビは相手の送って来る情報を映像として視ることができますが，こちらの意思を相手に伝え

ることができません.つまり,電話とテレビ(あるいはビデオ画面)を組み合わせることによって,より具体的で,信頼度の高い会話がリアルタイムで実現できます.実際,今日のパソコンはこのような機能を備えていますし,電話もこのような機能を持つようになってきています[19].昨今,このような端末をインターネットに接続して,供給者と需要者を直接結びつける電子商取引が急激に拡大していることは皆さんもよくご存知でしょう.この意味で,既存の通信サービスを取り込む形で端末の汎用性が開発当初から考慮されなければなりません.

しかし,このシナリオがシナリオ通りに実現するために現在最も重要なことは通信料金の大幅な引き下げです.今日の郵便制度は約170年程の歴史を持ちますが,その大成功の原因は,郵送距離に関係なく,単一料金制にしたからだと言われています.郵便よりも通信のほうが距離によるコストの差が少ないのは明らかです.マルチメディア社会[20]の条件は充分整っています.NTTその他の通信事業者が単価を大幅に引き下げた全国均一料金制を採用すれば,回線自体はガラガラなのですから,すぐに大量のビジネス利用や個人利用が発生し,たちまち,社会のマルチメディア化が進むことは明らかです.回線の使用効率が高まり,NTTも赤字を心配することはないでしょう.

現在言えることはこの程度ですが,社会のコンピュータ・ネットワーク化は避けられない時代の趨勢であり,選挙制度とてこれを無視することはできません.選挙の投票システムをコンピュータ化することによって,将来の選挙制度,政治体制がどのように変質していくかは今のところ分かりません.しかし,選挙制度のコンピュータ・システム化が避けられない道ならば,今から積極的かつ真剣に,時代に適応した選挙制度,さらにはその政治体制に及ぼす影響の研究に取り組むべきでしょう.

6章

究極の選挙制度

　本書では，第1章の冒頭に掲げた選挙制度改革に関する三つの重要なポイント(1) 1票の重さの不平等，(2)投票率の低下，(3)投票結果の信憑性の内，(2)と(3)に関し，民主的社会における望ましい選挙制度を検討してきました．本章では(1)の問題に対する解決策も論じられます．

6.1 選挙は機械的に処理すべき

　1票の格差をできるだけなくすということは，実際には議員定数や選挙区割りの変更を意味します．このような選挙制度の変更は，それによって選出される議員自らが行わなくてはなりません．⁽¹⁾ 一般に，どのような組織も自分で自分を規制するルールを制定することには消極的ですから，1票の格差是正の問題を国会での議論に任せておくことは，結局は，党利党略の問題にすり替えられ，おざなりなその場しのぎの解決策に堕してしまいがちです．⁽²⁾ したがって，この問題に対しては，基本的な考え方と方向性だけを決めておいて，実際問題への対処

は機械的に処理するのが最も公平かつ効率的な対策のように思われます[3].

　選挙を機械的に処理しようとする視点に立つと，今まで論じてきた(2)投票率低下対策と(3)投票結果の信憑性の保証，すなわち，在宅投票システムおよび二分型投票方式の導入は実際には機械的処理そのものだということに気づくでしょう．そこで，本章では，先に掲げた三つのポイント，(1) 1票の重さの不平等，(2)投票率の低下，(3)投票結果の信憑性を機械的に処理する自動化された選挙制度システムを考えることにします．こうすると，1票の格差是正の問題は，選挙区割りや定数の自動的・機械的変更，あるいは，あらかじめ決められた一定得票数を上回る票を集めた候補者を当選とする，といった問題に置き換えることができます．これが実現すると，選挙制度は，その時その時の政治情勢から独立し，事前に決められたルールだけに従う自律的システムとなります．

　ここでは，まず，今までの議論に基づいて，機械的に処理される選挙制度システムを利用者の立場から具体的にイメージしてみましょう．

6.1.1　有権者の投票行動

　投票には在宅投票システムを用います．したがって，多くの人は自宅にあるパソコン，通信機能つきテレビ，電話などで投票します．わざわざ投票所まで出向く必要はありません．たまたま自宅にいない人も，携帯電話やPHS，または，公衆電話などで全国どこからでも，海外からでも，投票できます．何日か前にあらかじめ投票しておくことも可能です[4]．これは不在者投票に当たりますが，投票は開票日までファイルに記憶されているので，今までのように事前に地方公共団体まで出かける手間は不要になります．このような，いつでも，どこから

でも気軽に投票できるシステムの導入は投票率向上に役立つでしょう．極端なことを言えば，温泉に浸かりながら，またはスキーを楽しみながら選挙の投票もできるのです．

投票に当たっては，まず，有権者本人の確認が必要になります．ICカードを使ったり，暗証番号・パスワードを入力したり，生年月日，住所・本籍地の住所などの個人データと照合して本人の確認が行われます．指紋や声紋でも照合できるようにしておけば，身体障害者でも簡単に本人確認ができるでしょう(5)．本人確認が済むと，画面に立候補者の一覧が出てきます．投票は，当選させてもよいと思われる候補者の名前を指で押すか，先頭についている番号・記号を入力すれば投票は完了です(6)．立候補者が二人なら1票しか投票できませんが，候補者が三人以上なら，何人に投票してもかまいません．ただし，一候補者には1票しか投票できません．もし，候補者の選挙公約・経歴等を知りたいなら，投票前に見ることができます．また，投票した後で考えが変わることもありますから，投票の修正を何回か認めることも可能です．これは，他人の強要などにより本人の意思に反した投票を後で直すためにも認めるべき制度だと思います．

6.1.2 自治体の投票集計作業

集計作業はすべてシステムが自動的に行うので，やるべき仕事は全くないと言ってよいでしょう．やることと言えば，せいぜい，システムを起動しておくことくらいで，後は選挙結果を公表することぐらいでしょう．全国5万箇所にも及ぶ投票所は不要ですし，そこに配置する人員も，開票に必要な人員も，セキュリティのための人員も不要です．システムの点検・保守・安全確保は通信事業者が通常の業務の一環として行うので，行政側の仕事ではありません．もっとも，システ

ムの運用・保守・点検・安全確保のためのコストは必要になりますが，1回の国政選挙に要する数百億円というコストに比べれば，比較の対象にすらなりません．選挙結果は選挙終了後すぐに明らかになりますから，後はそれを発表するだけです．選挙期間中も自治体の業務は通常通りで，ほとんどの職員は投票日の休日出勤もなくなります．

6.1.3 ソフトウェアで格差是正

1票の格差を是正するにはいくつかの方法が考えられます．どういう方法で是正するかを議会で決定してくれさえすれば，後はコンピュータ・プログラムの問題です．

たとえば，最も簡単な方法として，全ての選挙区の有権者数を一定もしくは一定の範囲内に収めなければならないと決められたとしましょう．この場合，基準となる一選挙区当たりの有権者数の計算法としては，全有権者数を議員定数で除すといった方式が考えられます．選挙が近づくと，この選挙システムのプログラムは，まず，一選挙区当たりの有権者数を計算し，この数値を基準に，要求されているその他の条件を満たすように選挙区割りを行い，選挙運動が始まる前に公表します．これで1票の格差は是正されました．

多くの議員はこのような単純な選挙区割りを好まないでしょう．なぜなら，実際には，議員とその選出選挙区の有権者の間には密接な人間関係があるからです．いわゆる，地盤ですね．したがって，もし機械的な選挙区割りによって，ある議員の地盤が分割されるようなことになった場合は，その議員の再選は難しくなるでしょう．このような事態はどの議員にも起こる可能性がありますから，このような単純な選挙区再編方式はほとんどの議員から反対されるだろうと思います．議員の反対を最小限に抑え，実効性のある選挙区再編を行うには，加

藤（2003）が主張するように，選挙の直後に次期選挙のための選挙区再編を行うのが最適だと思われます．もっとも，議員の本分は，社会全体のために働くことであり，選出選挙区への利益誘導機関ではない，という原則論に従えば，地盤など無視してもいいということになります．それによって，有為の人材が議員になれないというのなら，さまざまなコミュニケーション手段を駆使してその人物のPRを図るとか，場合によっては，地方区を廃止して全て全国区で選挙を行うとか，事前に決められた一定の得票数以上を獲得した候補者は全員当選とするなどの手段が考えられます．しかし，民主的社会とは結局は多数意見が支配する社会ですから，どんなに有能な人物であっても，多くの人々の支持が得られなければ議員に選出されません．衆愚政治に堕する危険性は常に存在すると言ってよいでしょうが，これも，民主的政治体制を選んだ以上仕方のないことです．いずれにしても，格差是正の基本的考え方と方向性さえ明確に決めておきさえすれば，後はプログラムで自動的に処理できます．

6.2 自律的選挙制度の特徴と課題

ここで，前節で論じた自律的選挙制度の特徴をまとめておきましょう．

6.2.1 在宅投票システムの特徴と課題

在宅投票システムは自立的選挙制度における技術面での要です．その構築に当たっては，第5章で論じたように，技術的問題はなく，基本的通信インフラも整備されているので，今後数年以内に完成させることも可能です．いずれにしても，近い将来実現することは間違いありません．

a) システム構築と公職選挙法改正

在宅投票システムの構築には技術的な問題はないので,私個人としては,ただちに在宅投票システムの実現に向かうべきだと考えます.しかし,システム設計の常道から言えば,既存のシステムを若干手直しして,実験システムを作り,さしさわりのなさそうな問題から始めて,実際にどのような問題が生じるかを調べ,一つ一つ解決しながらシステムの機能を拡大していくということになるでしょう.手始めとして,今日試みられている多くの電子投票実験のように,現行選挙制度における投票所や,政府・自治体が住民の中から選んだモニターの家,公的機関や街角などに端末を設置し,政府・自治体のコンピュータとつなぎ,実用実験を行う必要があります.そのためには,まず,選挙制度,投票制度にコンピュータ・ネットワーク・システムを導入するに当たっての法整備および運用制度の確立が必要です.たとえば,現行制度における国政選挙の投票では,投票者は票を投じる候補者の名前を正確に書かなければなりませんが,これを○×,数字入力あるいはタッチ式入力などに変更する選挙法改正が必要になります.制度としての枠組が決まりさえすれば,残された技術的課題は何とか克服できるでしょう.

b) システムの操作性

投票に用いる端末の設計には,高齢者や身体障害者でも容易に操作できるよう充分な注意が必要です.現在考えられている端末は,銀行の現金自動支払い機や現金自動受払い機で用いられているようなタッチ式入力や表示選択方式ですが,ライトペンを使える端末なども考えられるでしょう.本書では,プッシュ式またはダイヤル式の数字入力

・選択,英字入力・選択といった必要最低限の機能しか想定していません.しかし,将来的には,画像(手書きの漢字・仮名)や音声での入力なども可能になり,システムとのより柔軟なヒューマン・インターフェースが実現するでしょうから,高齢者や身体障害者も操作し易い端末が出現するでしょう.端末の容易な操作性は,誤操作とそれによる誤投票を防ぐという点からも重要な問題です.

c) 行政サービスとシステムの汎用性

　在宅投票システムは個々の住民と自治体を結ぶネットワーク・システムで,自治体と各家庭を結ぶ物理的回線網と有権者の投票を処理するソフトウェアから成り立っています.電話はほぼ全家庭に,また,携帯電話やPHSもほぼ二人に1台の割合で普及している上に,インターネットの利用者も急激に増加しているので,在宅投票システムを乗せる回線網はすでに出来上がっているといっていいでしょう.昨年稼動し始めた住基ネットワーク(住民基本台帳ネットワーク)もこの回線網を利用しています.したがって,在宅投票システムも,ソフトウェア部分を完成させれば,後はこの回線網に乗せるだけです.[7] さらに,このシステムは,国民から政治や行政サービスに関し幅広く意見を聞いたり,国民(住民)投票に利用したりできるでしょう.[8] 住基ネットワークがサポートするサービスは今後増やされる計画のようですが,自治体は提供するサービスを処理するソフトウェアを作って既存の回線網に乗せさえすれば,私たちは家庭でそのサービスを受けられるようになります.[9]

d) 投票端末機の開発と普及

　今までの議論で,在宅投票システムの構築に関して,回線網は既に

利用可能な状況にあり，使用されるソフトウェアも特に複雑なものではないことが分かりました．システム上最大の問題は有権者が使う端末です．

有権者は，投票端末機上で立候補者の名前や政見を読み出し，投票結果を送信しなければなりません．したがって，投票端末機の機能として，双方向通信が可能であることと，ある程度の表示領域のある画面が最低限必要になります．

ところで，電話（携帯電話，PHSを含む）とテレビはすでにだれもが持つ個人用機器になっていますし，インターネットに接続したPC（パソコン）もかなり普及してきました．しかし，これらは在宅投票システムに使用することを想定して作られていません．インターネットに接続しているPCや携帯電話は，上述の最低限の機能を有しているので，そのまま投票端末として使えるでしょう．しかし，旧来の家庭用電話や公衆電話は通常インターネットには接続していませんし，表示画面も，あっても非常に制限されたものです．一方，テレビの多くは充分大きな表示画面を持ちますが，最新機種を除いては，受像機であって送信機能はありません．したがって，家庭用電話，公衆電話，テレビの多くは，そのままでは投票端末機としては使えません．しかし，最近では，電話，テレビともに，上述の2機能を備えたものが売り出されていますから，これからのテレビ，電話に関しては殆ど問題ないでしょう．在宅投票システムとして特別な機能が必要なら，それを電話やテレビに組み込むようにすべきです．この種の電話やテレビはさまざまな行政サービスのための端末ともなるので，その普及のために，政府が補助金を出すという政策を採用することも有効でしょう．旧来の電話とテレビには，両者を連結するデバイスを繋げばいいでしょう．このようなデバイスは安価で供給できるでしょう．電子投票シ

ステムをできるだけ早く完成させたいのなら,政府がそのようなデバイスの生産・購入に補助金を出すという政策も考えられます.以上の議論から,わざわざ投票用の特別な端末を作る必要などないことがお分かりいただけたのではないでしょうか.この点が現在開発されている投票所設置用の投票端末機と違うところで,開発コストも格段に安くなります.(10)

e) 在宅投票システムの普及のために

今までの説明から,在宅投票システム普及のためには,インターネットをはじめとするコンピュータ・ネットワーク・システムに参加する人を如何に増やすかが最も重要なことだと分かったでしょう.そのために現在最も重要なことは通信料金の大幅な引き下げです.現在の郵便制度は約170年の歴史を持ちますが,その成功は,郵送距離とは無関係に,全国一律料金制にしたからだと言われています.郵便よりも通信の方が距離によるコストの差が少ないのは明らかです.(11)マルチメディア社会の条件は充分整っています.通信回線自体はガラガラに空いているのですから,全国一律の料金が非常に安く設定されれば,すぐに大量のビジネス利用や個人利用が発生し,社会のマルチメディア化が進むことは明らかです.そうすれば,在宅投票システム実現の追い風になるだけでなく,より民主的な政治・行政システムの実現を促進することになるでしょう.料金引き下げの目安としては,多くの利用者が,パソコンを24時間インターネットにつなぎっぱなしにしてもよいと感じることのできる金額ではないでしょうか.

近年,インターネットの利用者が爆発的に増加しており,インターネットを利用したさまざまな電子商取引も世界的に急拡大しています.

しかし，利用者にとって最も有益なのは，本書で論じた在宅投票システムからも分かるように，行政サービスであろうと思われます．この点は，とかく商売がらみで論じられることの多いインターネット論議の中で殆ど注目を集めておりませんが，非常に重要な点です．

社会のコンピュータ・ネットワーク化は避けられない時代の趨勢です．選挙制度とてこれを無視することはできません．選挙の投票システムをコンピュータ・ネットワーク・システムに乗せることで，将来の選挙制度，政治体制がどのように変質していくかは今のところ分かりませんが，積極的かつ真剣に，時代に適応した選挙制度，さらにはその政治体制に及ぼす影響の研究に取り組むべき時期にきているのではないでしょうか．

6.2.2 二分型投票方式の特徴と課題

二分型投票方式は，自律的選挙制度における理論的および思想面の要です．すなわち，この投票方式は，投票の集計結果内部における論理的整合性を保つことで当選者の正統性を保証し，しかも，当選させてもよいと思われる候補者なら全員に投票してもかまわないという，有権者にとっては現在の一人1票方式よりもかなり自由な投票方式です．

現在の一人1票方式による単純多数決は，小選挙区制であろうが大選挙区制であろうが，投票の逆理や泡沫候補が出馬するかしないかで当選者が変わり得るという構造的欠陥を持っています．このような構造的欠陥を持たない多数決方式に関する理論的研究は，第1, 2章で紹介したように，稲田献一氏により，1960年代にすでに結論が出ていましたが，そこから実際に利用可能な投票方式を導き出す研究は殆どありませんでした．第2章では，この稲田献一氏の研究結果の中から，

投票者の自由な投票を保証する投票方法として二分型投票方式を選び出し、それを基本的投票方式として推奨しました．二分型投票方式とは、上述のように、投票者は当選させても良いと思われる候補者には何人にも投票できるというものです．(12)

この二分型投票方式を用いた仮想的選挙結果を実際の選挙結果と比較したのが、第3, 4章での分析です．このとき、比較の基準として導入したのが「失意の投票者」という概念でした．「失意の投票者」とは、「自分の投票した候補者がだれも当選しなかった投票者」を意味します．二分型投票方式の下では、「失意の投票者」以外の投票者は全て、自分が投票した候補者の少なくとも一人は当選しているわけですから、選挙結果には満足とまでは言わないにしても、少なくとも全く失望してはいない人とみなすことができるでしょう．つまり、民意を代表すべき選挙としては、「失意の投票者」ができるだけ少なくなるような投票方式を採用することがポイントで、その意味でも、現在の一人1票方式よりも二分型投票方式のような一人複数票方式のほうが一般に望ましいということになります．一人複数票方式は現在の投票制度では集計が困難ですが、コンピュータ・ネットワーク・システムを利用すれば問題になりません．

二分型投票方式における実際の投票は極めて簡単で、投票者は当選させたい（もしくは、当選させてもよい）と思う候補者の名前を書くか、名前に○をつけるか、候補者に付けられた番号を入力すれば終わりです．タッチ式入力だと画面上の候補者の名前に指で触れるだけです．何人に投票するかは投票者本人の勝手で、理論上何の不都合も生じません．この方式は投票自体簡単なうえ、失意の投票者を減少させます．すなわち、より多くの民意を代表する候補者が当選するので、単純多数決に基づく選挙の投票方式として最も優れています．この方

式は候補者が二人の場合にも理論上何の問題もありません．実際上も殆ど問題ないでしょう．

さらに，ブラムスとフィッシュバーン（Brams & Fishburn 1978）によれば，投票者が正直な投票を行うという点で最も期待がもてるのが承認投票，すなわちここでいう二分型投票方式，です．たとえば，現在の一人1票方式の場合，自分の支持する候補者に当選の見込みがほとんど全くないと思われる時には，次善の策として自分が妥協できて，かつ，当選の可能性の高い候補者に投票するという人が出てくるでしょう．つまり，やむを得ず自分の意思を曲げた投票です．これが二分型投票ではどうなるでしょう．複数の候補者に投票できるので，当然自分の最も支持する候補者にまず投票するでしょう．他の投票者が第2，第3の投票としてこの候補者に投票することを期待できますから，自分の最も支持する候補者が当選するかも知れないという期待が持てます．したがって，棄権も減少するでしょう．さらに，戦略的投票として他の候補者に投票することも可能ですが，これは自分が最も支持する候補者以外の候補者を利する行為でもあり，その投票によって自分が最も支持する候補者が落選するかも知れないという危険性を持っています．したがって，投票者は二分型投票方式のもとでは慎重に投票するでしょう．

すなわち，二分型投票方式を採用すると，一人1票方式のもとでは当選の見込みの薄い候補者は当選の可能性が増し，希望を持てるようになると同時に，圧倒的優位にある候補者も有権者のちょっとした判断で落選する可能性が高くなるので危機感を持つようになるでしょう．要するに，ちょっとしたことで当落が左右されることになります．しかもこの投票方式では買収効果が大幅に減少することが明らかです．なぜなら，買収された有権者が買収した候補者に投票したとしても，

この有権者は他の候補者にも投票することができ,その結果,買収の効果が打ち消されてしまう可能性が高くなるからです.かくして,二分型投票方式の採用は政治家が常に幅広い有権者の意思に注意していなければならないという点でより民主的な政治制度を作る基礎になると期待されます.

　本書では,「失意の投票者」をできるだけ少なくし,しかも投票ルールが簡単・容易な実際的投票方式として二分型投票方式が優れていることを示しました.実際の投票においては,投票者に,投票する候補者間に順位を付けさせるのも一案でしょう.この順位付けは投票の集計には利用されませんが,複数の候補者が同数の得票を獲得した場合,第1位で投票された得票数の最も多い候補者を当選とするといった制度に利用することができます.(この場合,オーストラリアにおける選挙のように,立候補者全員に順位をつけるのではなく,実際に票を投じる候補者の間に順位をつけるだけです.)しかし,もっと重要なのは,この順位付け投票の投票パターンを分析することによって,単峰型投票方式など,ここで紹介した二分型投票方式以外の投票方式の有効性を検証できるだろうという点です.かくして,選挙の性格に合わせて適切な投票方式を選択し,「失意の投票者」を減らし,より多くの民意を政治に反映させることが可能になります.これは,民主主義制度にとって最も基本的かつ重要な要素の実現に近づくことを意味します.しかも今日の情報化社会,コンピュータ・ネットワークの時代では充分達成可能な目標です.現在の選挙制度改革論議の中で,このような最も基本的なポイントが全く議論されていないということは極めて奇妙であり,理解に苦しみます.

6.3 まとめ：定数変動型選挙制度の薦め

今までの分析から，次のように言えるでしょう．現行の一人1票方式と二分型投票方式を比較すると，明らかに，後者の方が前者より失意の投票者の比率が下がります．すなわち，後者の方がより民意を反映した投票方式です．可能性としては，二分型投票方式の下で失意の投票者が劇的に減少する場合も考えられますが，少なくとも，第4章で引用した小選挙区制における3例を見る限り，この投票方式の下でも，失意の投票者の数はそれほど劇的に減少していません．その理由は，第4章でも述べたように，次のように考えられるでしょう．まず，一人の候補者が圧倒的に強い場合（たとえば，熊本4区），二分型投票方式に変えても，失意の投票者が減少する余地が元々ほとんどありません．また，実際には逆転の可能性もほとんどありません．一方，激戦区においては，二分型投票方式を用いると，一人1票方式の場合と比較して，当選者が違う人になったり，得票順位が大幅に入れ替わる可能性は高くなりますが，結局は僅差での票の奪い合いになるので，失意の投票者の数はそれほど減少しないでしょう．このような事態が生じる原因は，当選者を1名に限定するという小選挙区制の制約からきています．この結果は，序章で説明したように，小選挙区制では政局の安定を狙った多数代表制のための手段ですから，それ程民意を忠実に反映しないという政治学における伝統的な見解と一致しています．

以上より，民意をできるだけ忠実に反映させる選挙制度としては，二分型投票方式による大選挙区制が優れているという結論になるでしょう．しかし，ここでいう大選挙区制は，今までの議論からお分かりだと思いますが，序章で紹介した伝統的な意味での制限投票制でも複数投票制でもありません．

ところで，大選挙区制でも，有権者の意思がどの程度選挙結果に反映されるかという点で問題が生じます．この点をちょっとみてみましょう．

まず，選挙における二分型投票は承認投票あるいは信任投票であることに注意してください[13]．すなわち，各候補者の得票率は一応投票者の信任の度合いを示しているといって良いでしょう．したがって，得票率50％未満の候補者は，現在のわが国の制度では当選する可能性がありますが，厳密に言えば，絶対多数代表制を支持する人々の主張するように，有権者の支持を得ているとは言えないとした方がよいと思われます．そこで，選挙での当落の基準として，たとえば，「得票率50％以上の候補者を当選とし，50％未満の候補者は落選とする」というルールを設定することができます．すぐ気づかれるように，二分型投票方式にこのようなルールを加えると，選挙区の当選者数が一定という保証がなくなります．したがって，議員総数も選挙結果が確定するまでは確定しないということになります[14]．従来の固定定数制が守れなくなりますが，「選挙は民意の反映」という視点に立てば，定数を固定しておかなければならないという理由はありません．当選者の数はあらかじめ大よその見当がついていればよいという考えも成立するでしょう．

話を元に戻しましょう．選挙において候補者も50％以上の得票を得られない場合はどうしたらよいでしょう．フランスの2回投票制のように，選挙をやり直すという手があります．この方法を採用しようとする考えの根底には，投票権は（通常）1票しかないので，各投票者にもう一度よく考えてもらい，できれば最初に投票した候補者とは異なる候補者に投票する有権者が出てきて欲しいという願望が含まれています．ただ，通常の2回投票制度によくあるように，2回目には上位

2名の候補者に限定して投票を行うとか、最下位の候補者を除外して投票を行うというのでは、第2章で例示したように、泡沫候補がいるかいないかで当選者が変わり得るという整合性に反する結果となる恐れがあります。さらに、二分型投票を用いた場合は、各有権者の複雑な投票心理が投票に反映されているので、改めて選挙を行ってもあまり有効ではないでしょう。結局、過半数を獲得した候補者を選出することはできないでしょう。したがって、このような場合に備えて、何らかの選出基準を加えておく必要があるでしょう。たとえば、都市部の激戦区などでは、数名の候補者がそれぞれ大量の票を獲得していながらも僅差で当落が分かれる場合がよくあります。こういう場合には、「一定数以上の票を獲得した候補者は全員当選とする」というルールを考えることができます。この「一定数」を決めるにあたっては、たとえば、全有権者数を（あらかじめ想定している）議員総数で除した値、などを基に決定できるのではないでしょうか。

　以上から、民意をできるだけ反映し、しかも、投票の集計結果の間で論理的整合性を保てる選挙制度は次のようになるでしょう。

- 投票方式は二分型投票方式を用いる（立候補者三人以上の選挙区。ただし、立候補者二人の選挙区では一人1票）。
- 「選挙前にあらかじめ決定された一定数以上の票を獲得した候補者」または「50％以上の得票率を得た候補者」を当選とする。したがって、当選者数は選挙の度に変動する可能性があります。このような選挙は、当然、小選挙区制ではありません。もちろん、従来の中選挙区制、あるいはもっと一般的に言って大選挙区制、とも言えません。新しいタイプの大選挙区制と言ってよいでしょう。

　実際の投票に当たっては、在宅投票システムが用いられるので、複

雑な得票集計も再投票も簡単に処理できます．このような選挙制度を「(二分型投票(＝承認投票)方式による)定数変動型選挙制度」とでも呼んでおきましょう．この選挙制度は，本書での分析から導かれるものですが，もちろん一つの案です．理論家としての私の役割はここまでです．実際の選挙制度を考えるに当たっては，本書での分析を基礎に，細部の具体的検討が必要になりますから，それは，現実の政治に詳しい政治学者，政治評論家，政治家，行政担当者などの仕事になります．そして，多くの有権者は，実際の選挙制度の良否の審判者ということになります．

注

まえがき

(1) 中国諸子百家中，儒家最後の大成者筍子の思想は検討に値するでしょう．筍子の有名な性悪説は次のように解釈できると思います（岡本 1986）．人間はその本性として，各自欲することを実現しようとする．人々の欲望はさまざまだから，ある人が自分の欲望を実現しようと努力することは，必然的に，他の人の欲望の実現を妨げることになってしまう．だから，人間の性は悪である．このような筍子の思想は，アローの一般可能性定理の結論，より広くは経済学の考え方とよく似ています．恐らくは，古代ギリシャやインドの哲人の中にも同様な思想を持った人物がいただろうと想像されます．今日のように，記号論理学や集合論といった，明快な分析・表現手段が存在しなかったがために，彼らの思考，思索や主張は曖昧な言語表現に頼らざるを得ず，それゆえ，その思想や主張が不明瞭になったのだろうと思われます．私としては，政治史や経済史等の専門家に，記号論理学や集合論の力を借りて，古代の哲人たちの著作を詳しく分析してもらいたいと望んでいます．必ずや，すばらしい成果が数多く得られることでしょう．さらに，社会科学においても，理論というものは，多くの人々が直感的に感じてきたことを証明という形で明確に表現するものだ，ということが分かるでしょう．

(2) 現在実験的に施行されている電子投票システムの殆どは投票所における投票行為の電子化ですが，この程度の変更はアイデアと言えるほどのものではありません．もっとも，このようなアプローチは，メーカーの立場から言えば，技術的にもリスクの少ない堅実なシステム設計方法と言えますが……．

序章　現行選挙制度と本書における分析の視点

（1）　経済学的に言えば，自分から専門家と称する人は怪しい存在です．なぜなら，専門家かどうかは市場（この場合は世間とか社会と言っていいでしょう）の評価によって決まるからです．世間の多くの人が「あの人は政治学者だ」と評価するから政治学者なのであって，本人が自分から「私は政治学者だ」と言うから政治学者なのではありません．これは，何も政治学者に限ったことではなく，全ての職業について言えることです．私も，一応，大学で経済学を教えているので，「大学教員」とは言いますが，自分から経済学者などとは絶対に言いません．せいぜい，「経済研究者」と言うのが精一杯のところです．（これも，「お前，経済の研究なんかしていないじゃないか」と言われてしまったら，何も反論できませんが……．）

（2）　たとえば，ビジネスで成功した人の中には，自分の成功物語を基に，まるで「俺が経済学だ！」と言わんばかりの経済論をぶつ人がいます．本当は，ただ運が良かっただけかもしれないのに……．こういう人は概して経営学を経済学と勘違いしているだけでなく，「大学で教える経済学など何の役にも立たない」とうそぶきます．しかし，経済学が役に立つか立たないか判断できるほどまでに経済学を学んだ人など殆どいないでしょう．残念ながら（そして立場上恥ずかしいのですが）私もその一人です．正直に言えば，私も，現在のレベルの経済学が社会でそんなに役に立つとは思っていません．ただ，200年余の歴史しかない若い学問とはいえ，今日の経済学は世界の俊英が心血を注いで探求してきた成果です．一介の素人が軽々しく批判できるようなものではありません．政治学も同じです．批判を封じる気は毛頭ありませんが，批判するならそれなりの準備と覚悟が必要でしょう．もっとも，社会科学は我々の生活にあまりにも密着しているために，すぐに一端の専門家気取りになれるという危険性があることは認めざるを得ません．

（3）　正しくは，意志ではなく，意思とすべきですが，私が参照した文献（桑原武夫・前川貞次郎訳　ルソー『社会契約論』　岩波文庫，1954）に従い，そのままにしておきます．

（4） 以下の議論では，主に，加藤（2003）と選挙制度研究会（2002）を参考にしています．この二つの文献は，本文中でも推奨しているように，複雑な選挙制度全体を，理論・実際の両面から，素人でも容易に理解できるように簡潔に解説している良書です．

（5） 公職選挙法第36条では，投票は各選挙につき一人1票に限ると定められています．同法では，また，選挙人は選挙の当日，自ら指定された投票所に出向かなければならない（公職選挙法第44条，第1項），投票用紙に自ら候補者一人の氏名等を記載し，投票箱に入れなければならない（公職選挙法第46条，第1～3項）などの規定があります．後者に関しては，地方公共団体の選挙に限り，その条例によって，記号式投票が認められますが，本書で論じる投票方式，選挙制度を実現するには，公職選挙法の大幅な改正が必要になります．

（6） 民主主義の多様性は，アローの一般可能性定理（Arrow 1963）の意味をよく考えると理解できます．

（7） 有権者の投票方式を変更すると必然的に集計方法も変わってきます．しかし，集計作業は，第5章で説明するように，電子投票システムを利用すれば人手作業が不要なので，どのような投票方式を採用しようが，選挙の運営組織には何の影響もありません．

（8） この見解はArrow（1963）の一般可能性定理からも裏付けられます．

（9） こう言うと，中には感情的に反発して，「そんなことはない」とか「大衆は常に正しい」などと主張する人がいるでしょう．そのように言う人には，私は「それでは，あなたの主張を証明してみて下さい．」と問うでしょう．さらに，「証明というのは，その結論の好き嫌いとは関係なく，与えられた枠組，課された条件，用いられている論理の中では誰もが認めざるを得ない結論ですよ．」と付け加えます．私がここで「無知蒙昧」と言っているのは，「聡明」という言葉と同じように，「大衆」という言葉がその誕生とともに必然的に担わされた（その言葉の必然的な定義と言ってもいい）意味のことです．もっとも，無知蒙昧な程度は時代によっても，また，社会によっても異なりますし，単に知識が多いとか少ないといったことで判断されるわけでもありま

せん．高学歴な人でも，社会的地位の高い人でも「大衆」の一人とみなされる人がいますし，社会の底辺に暮らす人の中にも（「高貴」とか「賢人」とも言うべき）「大衆」に属さない人がいます．詳しくは，Ortega（1930）を参照してください．

(10)　ここで，「賢人」（「聡明な人」と同じとします）も定義しておかないと片手落ちになるでしょう．「自分の不案内な問題に対し，適切に処理でき，かつ，信頼に足る人物を探し出す眼力を持ち，その人に処理を一任できる度量のある人」を「賢人」と定義しておきます．かなり経済学的な定義ですが，人間社会が人々の助け合いを基礎に発展してきたことを考えればそれほど的外れな定義でもないと思いますが，いかがでしょう．

(11)　こう言ったからといって，私は，独裁制とかファシズムとか周公旦のような賢人による政治といった民主主義以外の政治体制を支持しているわけではありません．民主主義というのは他のどの政治体制よりも優れていると証明されたわけではなく，今のところ，それよりも良いと思われる政治体制がないから採用しているに過ぎない制度であることは事実です．しかし，アローの一般可能性定理（Arrow 1963）から推測されるように，社会的には民主主義が最も平等かつ安定的な政治体制と思われます．ただし，民主主義制度の下では，多くの人々の利害を調整しなければならないので，政策の決定・実施には時間がかかり，しかも，政策は妥協的にならざるを得ず，急激な改革は望めません．したがって，「大衆」には期待できない忍耐力が求められますが，これは民主主義体制を維持するために支払わなければならないコストでしょう．

(12)　たとえば，今日世界的に話題となっている科学技術の問題として，クローン人間の誕生を考えてみましょう．多くの社会では現在躍起になってこの問題を封じ込めようと，禁止するための法律の制定や道徳観・倫理観の高揚などに努めていますが，全く役に立たないことは明らかです．その理由は，自分の身をこれらの問題に携わっている研究者に置き換えてみればすぐに分かります．有能な研究者であればあるほど，自分が世界で初めてクローン人間を誕生させる研究者になりた

いという気持ちを強く持っているでしょう．クローン人間を誕生させると社会にどのような影響が生じるかなどということは考えません．研究者にとっては，自分の知識欲や探究心を満たすことの方が重要なのです．仮に，殆どの研究者がその道徳観や倫理観に従って，あるいは法的に禁止されているが故に，クローン人間を作り出す研究を中止したとしても，自己の研究に対する興味だけから，クローン人間を作り出す研究者が必ず出てきて，成功させるでしょう．一旦技術が確立すれば，今度はそれを利用する人間が必ず出てきます．この動きを止めることは誰にもできません．クローン人間だけでなく，いずれ核兵器も鉄砲や拳銃のように誰でも簡単に入手できるようになるでしょう．誤解の無いように断っておきますが，私はこのような状況が到来することは必然的なことだと言っているだけで，私が望んでいるというわけではありません．

1章　選挙制度は投票方式が命

（1）　政治家とは「国益」という言葉で反対意見を封じようとする人，とでも定義できるでしょうか．「国益」を「国民の意思」や「正義」などという言葉で置き換えてもいいでしょう．とりわけ，「国益」を声高に叫ぶ人に限って，この言葉の意味を定義しないで自分の思い込みを主張しているように見えますが，皆さんはどうお思いでしょうか．ところで，「国益」などといったものは厳密には存在しません．いくら国益に見えようが，よく考えてみると，それは特定の個人や集団の利益に過ぎないことが分かります．こう言うと，経済学をかじったことのある人の中には，「パレート基準が満たされている場合があるじゃないか」と反論する人がいるでしょう．確かに，有利になる人はあっても不利になる人が一人もいない状態は，全員の利害が一致している（少なくとも誰も反対しない）という意味で，「国益」といえなくもありません．（まあ，こんな状態はまずあり得ませんが……．）しかし，アローの一般可能性定理（Arrow 1963）が示すようにこれを受け入れると，別の面で社会に利害の対立が生じてしまいます．したがって，全員の意見が一致するという理由だけでは国益とは言えないことが分

かります.それ以外の状況では,誰が国益を主張しても常に反対の意見を持つ人が存在します.どうしても自分の意見を通したいのなら,その人は独裁者にならなければなりません.ついでに言えば,理論上,「絶対に誤っている政策」はありますが,「絶対に正しい政策」はありません.その理由については,アローの一般可能性定理が実際に何を意味しているかをよく考えたら分かります.こうみてくると,よく「国益」を主張する政治家(あるいは人)というのは,あまり物事を深く考えないで発言する人か,言葉の曖昧さにだまされやすい一般大衆をある方向に誘導しようとしている人ということになるでしょうか.

(2) 今日一般的な選挙制度,選挙区制,有権者が投票できる票数(投票権)に関しては,序章で簡単に説明しました.より詳しく知りたい読者は,加藤(2003),選挙制度研究会(2002)などを参照してください.

(3) このような状況を経済学では,本章注(1)でも紹介したように,パレート基準が満たされると言い,その究極的な状態をパレート最適と言います.パレート最適を厳密に定義すると,「誰かに不利益を与えない限りは他の人の利益を増加させることのできない状況」を意味します.パレートというのは,この基準を考え出したイタリア人経済学者の名前です.

(4) 日本経済新聞の「私の履歴書」において,桜内義雄氏は,氏自身の経験として,第二次世界大戦後初めて行われた選挙における一人2票制度に言及しています.この選挙は1946年4月10日に行われた衆議院議員選挙でした.投票方式は「大選挙区制限連記制」でした.原則として,府県が一選挙区(7都道府県は二選挙区)の大選挙区で,人口に応じて定数が割り振られました.定数が3人以下の場合は単記制(一人1票),4〜10名の場合は2名連記(一人2票),それ以上の場合は3名連記(一人3票)でした.投票権が定数より少ないので制限連記制と言います.

(5) もっとも,定数複数の選挙区で定数と同数の投票権を認めるというのが世界の選挙制度においては一般的ですから,複数投票を認めると集計が困難になるという理由は,実際その通りではありますが,決

定的な理由とは言えないかもしれません．たとえば，衆議院議員選挙における従来の中選挙区制は，戦後の大選挙区制を引きずった変則的な選挙区割りに集計が簡単な単記性（一人1票）が結びついた制度と解釈できるでしょう．しかし，これは選挙制度には素人である私の勝手な推測ですから真偽のほどは分かりません．ただ，わが国では，複数定数区において，有権者に定数と同数の投票権を認めなかった点が素人の私にもちょっと疑問を感じる点でした．

(6) わが国の公職選挙法では，得票数が法定得票数に達しない場合は，いかなる候補者も当選とはみなされません．この法定得票数は，たとえば，参議院（選挙区選出）の場合，有効投票総数を議員定数で割った数の六分の一以上（公職選挙法第95条，第1項，ただし書）といったように，有効投票数を基準に定められています．近年の選挙では，有権者総数に対する投票参加者の比率が非常に低いので，この基準で当選者を認定するのはかなり問題があると思われます．

(7) ここでのケースに関連して鮮明に思い出されるのは，2000年秋に行われた米国大統領選挙です．フロリダ州を除いた段階で，ゴア候補がリード．開票が最後になったフロリダ州は，エレクトラル・コレジ（大統領選挙人）が23名もおり，カリフォルニア州に次ぐ大選挙区です．このフロリダ州での選挙は，ブッシュ，ゴア両候補がそれぞれ100万票単位の票を獲得しながら，その得票差がわずか数百票という稀にみる激戦で，しかも，ブッシュ候補が勝てば逆転で次期大統領に選出されるという状況でした．ここで問題になったのは，多くの投票用紙が誰に投票されたのか非常に判りづらいという点でした．フロリダ州で使用されていた投票用紙には立候補者の名前が印刷されており，投票者は投票する候補者の名前のところに鉛筆など先のとがったもので穴をあけて投票するという形式を取っていました．この穴の空き方がはっきりしない投票用紙が多かったために，どちらの候補に投じたのかよく判らない票が多かったのです．当時，私は米国におり，毎日テレビに放映される集計のやり直し風景を興味深く見ておりました．結局，全部の投票所で再集計をするには至らず，うやむやの内にブッシュ候補の勝利が宣言され，次期大統領となりました．この曖昧な決着の付

け方は，ブッシュ候補の弟がフロリダ州知事だったからではないかと思ったりしました．(もっとも，ブッシュ大統領と弟のフロリダ州知事は仲が悪いことで有名ですが…….) フロリダ州のこの投票方式を見て，多くの日本人は「何ていい加減なやり方なんだ」と思われたのではないでしょうか．でも，よく考えてみると，このやり方は案外合理的なのです．今までの大統領選挙の歴史において，今回のような大接戦は100年に1回あるかないかという稀なケースです．つまり，25回の選挙戦で1回生じる程度のケースです．殆どの場合，どちらかの候補の圧勝で終わりますから，集計間違いが少々あったところで大勢に影響しません．そんなところに極めて厳格な投票制度を持ちこんだら選挙のたびに毎回莫大な費用がかかります．現在のやり方なら安くあがり，通常はそれで別に問題は生じません．それだったら，100年に1回位面倒な状況になったとしても現在のやり方の方が良いのではありませんか．皆さんはそう思いませんか．

　蛇足ですが，日本人にはなかなか理解しがたい米国大統領選挙の仕組みを簡単に説明しておきましょう．米国人政治学者の友人は次のように説明してくれました．まず，各州知事は自州の大統領選挙人を指名します．州知事と上院議員は自動的に指名されますが，誰を選ぶかは基本的に知事の自由裁量に任されます．指名できる大統領選挙人の数は各州の人口に比例して決められています．選挙では，まず，有権者が投票します．それを州毎に集計し，最も票を集めた候補者にその州の大統領選挙人は全員（自分の主義主張と関係なく）形式的に投票します．大統領候補から見れば，選挙で勝った州の大統領選挙人の数は全て自分への投票となります．こうして，州毎に獲得した大統領選挙人の投票数を集計して最も多くの票を獲得した候補が大統領として選出されることになります．ここで興味深いのは，ある州で，たとえば共和党の候補が最も票を獲得したとき，民主党支持の大統領選挙人が民主党の候補に投票できるのかどうかという点です．先ほどの友人によれば可能だそうです．しかし，「もしそんなことをしたら，その選挙人はその州では生きていかれないだろう．」とのことでした．容易に理解されるように，有権者の投票結果と大統領選挙人の投票結果は対

応が取れていません．2000年の大統領選挙でも，有権者の投票数で見る限り，ゴア候補の方がブッシュ候補を上回っていました．

米国の大統領選挙の方式は，制度的には多数代表制ですが，このような変則的に見える制度を採用した理由は，政府の安定的な政策運営を期待してということではないようです．これも先述の友人の話ですが，比例代表制を採用すると，人口の多い州で勝てるかどうかが選挙戦の中心になり，政治も人口の多い州中心となってしまいます．米国は，合衆国という名称が示すように，かなり独立色の強い州の連合体ですから，連邦政府の政策が特定の州に偏った場合には，他州の離反，ひいては米国の崩壊をもたらしかねません．この意味で，米国の大統領選挙制度は，政府の安定的な政策運営というよりも国の存続というもっと深刻な事態への対応と見ることができます．多民族国家の複雑さを反映しているとも言えましょう．

(8) 多数決に関する理論的分析はフランス革命前後から始まり，200年を超える歴史を持っています．百科全書派のコンドルセやボルダ等が代表的な人物です．また，英国では，ビクトリア朝の数学者ドジソンなどが代表的な研究者でした．

(9) この立場は，フランスの選挙制度に見られるような絶対多数代表制の根拠となり，2回投票制などの選挙方式が考案されています．

(10) 蛇足ですが，これに関する面白い話を挙げておきましょう．プロのサッカーの試合では，勝ったチームには勝ち点3，負けたチームには勝ち点0，引き分けだと両チームにそれぞれ勝ち点1が与えられます．しかし，1980年代初めまでは，勝ったチームは勝ち点2，負けたチームはもちろん勝ち点0，引き分けると勝ち点1でした．すると，余り勝ちもしないが，負けもしないチーム，つまり，引き分けの多いチームがリーグの中でも結構上位にいることになり，強いわけでもないのに，下のディビジョンに落ちないという現象が起こりました．勝負事ですから，これはおかしいということになって，現在のような得点方式に変わったのです．

(11) 特に，他の全ての候補者に対して同等もしくはより良いと評価される候補者を，これまた考案者の名前を取って，コンドルセ基準によ

る多数決勝者といいます．

(12) 候補者を x, y, z, w とすると，全候補者の集合は |x, y, z, w| で，その全ての部分集合は，|φ|, |x|, |y|, |z|, |w|, |x, y|, |x, z|, |x, w|, |y, z|, |y, w|, |z, w|, |x, y, z|, |x, y, w|, |x, z, w|, |y, z, w|, |x, y, z, w| となります．|φ| を空集合といい，候補者が一人もいない集合です．この集合からは候補者の優劣に関する何の情報も得られないので，分析の対象からはずします．また，候補者が一人だけの集合，すなわち，|x|, |y|, |z|, |w| からは，その集合内の候補者以外の候補者を選ぶことができないのは自明ですから，これも，通常，分析の対象からはずされます．以上を除く11個の集合それぞれからの選出結果を論理的につなげていって勝者を決定します．

(13) 序章でも解説したように，選挙区制は小選挙区制と大選挙区制に分けられます．前者では一人しか選ばれないのに対し，後者では複数選ばれるのが両者の違いです．したがって，わが国の衆議院議員選挙で従来採用されていた中選挙区制というのは，厳密には大選挙区制の一種ということになります（加藤 2003）．

(14) 今日，一国の政治的枠組を越えて世界中で経済活動を行っている巨大企業が数多くあります．このような企業を一般に多国籍企業と言いますが，中には多くの国の政治的統制が及ばないほどまでに大きくなった企業も多数あり，小さな国などはこのような巨大企業に実質的に支配されていると言っても過言ではありません（Strange 1996）．多くの企業が政治的枠組を越えて活動しているということは，社会が政治的意思決定とは異なる意思決定の影響を強く受けていることを意味します．企業活動がますます拡大していくことは明らかですから，この傾向は一層強くなります．そうなると，小さな国の選挙はどんな意味を持つことになるのでしょう．

(15) 平等の概念に関しては，山口（2002）に要領よくまとめられています．

(16) 「平等」という言葉の中には，「複数のものが何らかの基準に基づいて比較された結果」という意味が含まれているように思われます．

「基準」にはそれを作る主体が存在しなければなりませんし，社会内における人間の行動を規定する普遍的な規準がない以上，その「基準」は主体の持つ考え方・価値観の影響を受けざるを得ません．すなわち，「何らかの主体が，自分の持つ基準を拠りどころにして複数の対象を比較し，その結果，対象間には甲乙付けられないという結論に達した」状態を「比較された対象が平等である」と言います．ここからすぐに分かるのは，「基準」は「主体」の「考え方・価値観」と「その基準を定める目的」に規定されるということです．例としてわが国の「男女雇用機会均等法」を取り上げてみましょう．この法律は，「雇用の面で男女間に不当な差別が存在するが，これはよくないことだ」という社会の認識があり，これを受けて国会（政府あるいは社会と言ってもよい）が，「この不当な差別をなくすことを目的」として定めた基準と言えます．したがって，実際に差別があるのかどうかについては，（この法律が社会認識を完全に余すところなく正しく表現しているかどうかは別にして）この法律に基づいて判断されることになります．平等であるかないかは，国会（あるいは政府，社会）の「考え方・価値観」に依存しています．個人の考え方は千差万別ですから，この法律を以てよしとする人もいるでしょうし，不充分と見なす人もいるでしょう．詳しくは山口（2002）を参照して下さい．

(17) ここまでの説明で，社会科学では（少なくとも現時点の学問レベルでは）存在証明よりも非存在証明の方が重要であることが理解されたでしょう．社会科学における研究姿勢としては，まず，絶対にあり得ないことを見つけ出し，それを政策の候補の中から除外することで，採るべき政策を絞り込んでいくということになります．現在の長い不況を脱する方策として，多くの専門家は通常，「こうすれば不況から脱することができる」と様々な政策を提案しています．しかし，それらが仮に状況把握が正確で，論理的に整合性が取れているとしても，予想通りの結果が得られる保証はありません．あくまでも一つの可能性に過ぎないのです．この場合，「こうすれば不況から脱する可能性が高い（が，不況を克服できない場合もあり得る）」といった表現にするのが正確で正直な政策提言と言えます．しかし，こんな言い方では，

何でも簡単に他人から即効性のある解決策を手に入れようとしている一般大衆を満足させることはできないでしょう．一方，絶対にあり得ないことを探し出す方法では，これが如何に正統派的アプローチだとしても，現段階で出てくるのはネガティブ・リストだけです．これは完全に誤っている政策を除外するのには有効ですが，現在までのところ，残念ながら，実効性のある具体的な政策提言ができるというレベルには達しておりません．このような立場に立つ政策提言はどうしても歯切れが悪くなるので，社会の評価は，テレビや新聞などを通して一般に広く行われている政策提言よりもずっと下がってしまいます．やむをえないでしょう．

(18) この解釈は厳密さを欠いており，完全に正しいとは言えません．しかし，課されている他の条件の働きを考慮しても，ほぼ本文に記すような結論が得られると言えます．詳しく知りたい方は，Arrow (1963) だけでなく，一般可能性定理に関連したその後の研究成果を学ぶ必要があります．その理解は，正直に言って，かなりの努力を必要としますが，不可能ではありません．興味のある人はぜひ挑戦してみてください．

2章　理想的な投票方式を求めて

(1) 本章は松本 (1995) に基づいて書き改めました．
(2) 理論的には，一人の候補者に2票（以上）投票すると，第1章で例示したような不都合な結果が生じる可能性があります．
(3) これらの証明の詳細は本書の目的を超えているのでここでは紹介しません．興味のある読者は Inada (1964, 1969) を参照してください．
(4) 稲田献一氏がこれらの論文に示されている成果を挙げたのは，氏が Arrow に師事し，スタンフォード大学に滞在中の時でした．この研究成果を Arrow に見せたところ，激賞されたそうです．この話は，私が同氏から直接伺った話です．

3章　本当の当選者は誰？

(1) この章は，松本 (1995) を書き改めたものです．

（2） フランスの大統領は国民の象徴的な意味合いもかなり強いように感じられます．私のフランス人の友人の一人は，フランス大統領選挙を「フランス国王を選ぶ選挙」と評していました．大統領選挙に限らず，フランスの選挙は，基本的に，過半数の票を獲得した候補者を当選と認める絶対多数代表制です．したがって，過半数の票を得た候補者がいない場合は，得票数の上位者，たとえば，国民議会の選挙では得票率12％以上の候補者，の間で再度選挙を行い，（今度は過半数の票を獲得していなくても）第1位の候補者を当選者とします．これを2回投票制といいます．
（3） 詳しくは，加藤（2003）を参照してください．
（4） この見解はArrow（1963）の一般可能性定理からも裏付けられます．
（5） 再三引用しますが，オルテガの「民主主義は，その形式や発達程度とは無関係に，一つのとるに足りない技術的細目にその健全さを左右される．その細目とは，選挙の手続きである．」（Ortega 1930）という主張の「選挙の手続き」を，私は「票の集計結果の論理的整合性」と認識しています．
（6） 単峰型投票方式（同様に単谷型投票方式）は，人々の選好パターンがこの投票方式の条件をほぼ（あるいはかなり）満たしていることがあらかじめ判っているという，かなり限定された場合にのみ用いることができるでしょう．それ以外の投票方式（二分型投票方式は除く）は，実際に使えるケースが全くないとは言い切れませんが，満たすべき条件がかなり特異なので，まず使えないでしょう．
（7） 先に述べたように，厳密に言えば，有権者は必ずしも最も支持する候補者に投票するとは限りません．他に適当な候補者がいないとか，自分の支持する候補者には当選の見込みがないという理由で最善とは思わない候補者に投票をするとか，場合によっては，次の任期に今までの悪政の責任を取ってもらうために敢えて投票する，といった場合が考えられます．しかし，こういった投票動機は他人には判断が難しいので，ここでは各候補者は少なくとも当選させても良いと思う候補者に投票するとみなして議論を進めます．

(8) 最近の選挙では,しばしば,投票率が30％台まで落ちていますから,当選者は有権者の20％程度の意思を代表しているに過ぎません.このような選挙を民主的社会の選挙と認めてよいかどうかは意見の分かれるところでしょう.

(9) この議論は,制度の変更が有権者の投票行動に影響を与えない限りは正しいと言えますが,そうでなければ必ずしも正しいとは言えなくなります.本書では,各候補者の得票を集計し,それらをどのように比べても,その優劣関係に論理的矛盾を生じない全ての単純多数決方式を検討するので,必然的に制度的変更を伴います.したがって,厳密には,小選挙区制の方が死票が増えるとは簡単には言えません.

(10) このケースより簡単明瞭な例として,ブラムスとフィッシュバーン (Brams and Fishburn 1978) は,1970年のニューヨーク州上院議員選挙に立候補した3人の場合を例に,得票率を用いてここでの議論と同じ議論を行っています.

(11) 投票に順位付けを課しているオーストラリアの選挙結果を利用すれば,本書での議論はより具体的かつ説得的になるでしょう.

(12) 二分型投票に厳密に従えば,一人の投票者が投票した候補者は,その投票者にとっては全員無差別でなければなりませんが,実際の選挙の投票では,投票した候補者間に優劣があるのが一般的でしょう.

(13) 承認投票のグループ数nは通常2以上あります.したがって,ここにはn＝2の場合,すなわち二分型投票が当然含まれています.しかし,二分型投票だからといって承認投票の全てを意味しているわけではありません.この場合,記号論理学や集合論では,二分型投票は承認投票よりも緩やか,もしくは弱い（承認投票は二分型投票よりも強い）と言います.n＝2（特別な場合はn＝1）の場合,グループ数がもっとも少なくなるので,二分型投票は承認投票の中で最も緩やかな投票方式になるということです.

(14) 従来,単峰型投票方式が有望と考えられてきたのは,本文でも説明したように,諸政党を左翼から右翼へと一本線上に並べられるだろうという説明がもっともらしく,多くの人の理解を得やすいという理由の他に,Inada (1964, 1969) が証明するまで,それ以外の投票方式

注　169

が知られていなかったという事実もあります．

4章　小選挙区制はどの程度民意を代表するか
（1）　本章は，松本（1995, 2002）を書き改めたものです．
（2）　一人1票方式よりも二分型投票方式の方が常に失意の投票者が少ないとは言えません．次の例を見てください．候補者（4名）x, y, z, w, 投票者（4名）a, b, c, dの選挙を考えましょう．一人1票方式での選挙では，a, b, c, dがそれぞれx, x, x, yに投票したとします．このとき，候補者xが当選するので，失意の投票者はdだけです．これが二分型投票の場合には，aはxに，bはxとyに，cはzに，dはwにそれぞれ投票したとします．そうすると，当選者はxで前回と変わりませんが，失意の投票者はc, dの2名に増えます．読者の中には，b, c, dの投票に疑問を持つ人がいるかもしれません．しかし，各投票者は，たとえば次のように考えていたかもしれません．aはxの絶対的な支持者なので常にxに投票します．bはx, yいずれも当選者としてふさわしいと考えています．c, dはもともとそれぞれz, wの支持者ですが，一人1票方式では当選の見込みがないので，次善の策としてそれぞれxとyに投票しました．しかし，二分型投票方式の下では他の投票者がz, wにも投票していることを期待して正直に投票しました．
（3）　小選挙区制が導入されて初めての総選挙となった平成8（1996）年10月の衆議院議員選挙で立候補者数が最も多かったのは，静岡一区における8人でした．本節での練習問題として，当選者が変わり得るケースを仮定し，失意の投票者がどのように変化するか調べてみてください．
（4）　これが絶対多数代表制の考え方で，過半数を得た候補者がいない場合には，得票数の少ない候補者に何らかの制限条件を課したうえで，再選挙（フランス）や票の再配分（オーストラリア）を行い，何とか過半数の得票を得る候補者を作り出そうとします．詳しくは序章および第1章を参照してください．

5章　選挙は自宅で

（1）　本章は松本（1994）を書き改めたものです．近年のIT技術の進歩は急激で，とりわけ，新しいデバイスが次々と現れ，従来のデバイスを駆逐する形で普及しています．したがって，本章の記述も若干古くなったことは否めませんが，基本的な部分は依然有効です．

（2）　実際の電子投票は，構想から想像されるほど画期的なものではなく，有権者が投票所で投票するという普通の電子投票で，しかも電子投票に参加した有権者は45.5％に過ぎませんでした（Parliament of Australia 2002）．

（3）　だからと言って，フロリダ州で採用している投票方式が時代遅れだとか非効率的だと言うわけでは必ずしもありません．この点については第1章の注（7）で詳しく論じているので，そちらをご覧ください．

（4）　専用回線とは，NTTのような第1種通信事業者からリースされている通信回線のことです．借りている事業者は，この回線を自分専用に使用できます．それに対して，一般家庭が電話に利用している回線を一般回線と言います．

（5）　この問題を考えるにあたっては，2000年の米国大統領選挙におけるフロリダ州でのブッシュ，ゴア両候補の熾烈な選挙で問題になった投票方法がよい例となるでしょう．詳しくは，第1章の注（7）を参照してください．

（6）　ビデオテックスはビデオ（絵）とテキスト（文字）の合成語です．電話のようにお互いに自由に交信ができる通信を双方向通信と言いますが，ビデオテックスとは，この双方向通信を利用した絵や文字の送信サービスの総称です．端末はテレビと電話をつないだもので，コンピュータとの接続は電話回線を使います．わが国ではNTTが1984年11月からサービスを開始したキャプテンがそれで，ニュース，天気予報，株式市況，買い物・レジャー情報などを提供しています．このシステムは諸外国でもかなり実用化されており，フランスのテレテル，英国のプレステル，ドイツのビルトシルムテキスト，ヨーロッパのCEPT，北アメリカのNAPLPSなどがあります．

　テレテキストとはテレビを端末とする文字（多重）放送の一つです．

テレビ電波の隙間を利用して，絵や文字を送ります．視聴者はその中から自分のみたいものを選び，テレビ画面に映し出します．このサービスは1986年4月から開始されています．このシステムには電話が組み込まれていませんが，簡単に接続できます．

　テレライティングとは電話（テレフォン）と筆記（ライティング）の合成語です．このシステムの端末はビデオ画面がついた電話です．会話中に手書き情報をこのビデオ画面を通して送ることができます．人名など間違えやすい字を確認したり，待合せ場所の地図を送るなどの利用が考えられます．

（7）　最近の傾向からすれば，テレビとパソコンは一体化し，区別がなくなると言っていいでしょう．

（8）　最近では，通常のアナログ回線でも大容量のデータ伝送を実現するADSL方式が急速に普及してきました．

（9）　選挙の投票日時を一律に特定しなければならない理由は特にありません．たとえば，米国の大統領選挙では，西海岸諸州の有権者は，指定された一定期間内に郵送で投票します．これは，時差の関係で早く始まる東部諸州の投票・開票状況が西海岸諸州の有権者の投票に影響を与えるのを避けるために設けられている制度です．このような事情がなくても，有権者に熟考・再考の時間を与えるとか，何らかの理由で指定された日時に投票できない人のために，投票日を延長するような制度を考えてもいいでしょう．そのような制度を採用しても，電子投票システムでは費用はほとんど増加しません．

（10）　一旦システムが構築されれば地方公共団体の選挙にも利用できますし，より迅速かつきめ細やかで効率的な各種行政サービスを提供できるようになります．さらに，住民の意見を幅広く収集する窓口としても利用できます．したがって，運用コストの比重は非常に低くなるでしょう．

（11）　携帯電話やPHSから投票ができるようになると，有権者はいつでもどこからでも投票できるので，このような投票が発生する可能性はかなり低くなります．この場合，システム的には投票の変更ややり直しを認める工夫が必要になるでしょうが，技術的には問題ありません．

(12) 本節での計算は，投票日が現行選挙制度通り，一日で終了すると仮定しています．

(13) ここでは単純に，投票者の投票行為に要する時間，すなわち，前の投票者が投票ボックスを出てから，次の投票者がボックスに入り投票を済ませ，ボックスを出るまでの時間と，コンピュータ処理に要する時間，すなわち，投票者の操作に基づいて，ホスト・コンピュータが本人確認と投票処理を完了するまでの時間を単純に足し合わせています．しかし，厳密には，これらは時間的に重複する部分を含んでいるので，実際には，投票行為1回あたりに要する時間はもっと短くなります．

(14) 本論の基になっている論文（松本 1994）が書かれた1994年当時は，世の中における携帯電話，PHSおよびインターネットの利用は微々たるものでした．

(15) ここでは，投票者は1度しか投票できないと想定しています．投票者に自分の投票の訂正を認める場合には，システムの設計方法が違ってきます．システムとしては若干複雑になりますが，技術的には問題ありません．

(16) このような状態は，民主的社会では一般に起こりえないと考えられているようですが，そうでもありません．今後，政治への大衆参加が増えるので，大衆による（一時的な）強権政治は増加するでしょう．自国の権益や領域が侵害されたと感じて，国民，すなわち大衆が一気に戦争に向かうといった場合が今後頻繁に生じるようになるでしょう．衆愚政治の極地と言ったらよいでしょうか．思い出されるのは，1960年代後半から70年代初めにかけての中国における文化大革命です．短期的と言ってよいでしょうが，旅客機を使った自爆突入でニューヨークの世界貿易センタービルが崩壊した2001年9月11日のテロからアフガン戦争に続く米国も同様な社会状況にあったと言えるでしょう．

(17) 本書で論じている選挙の投票制度においては，投票日にハッキングやウィルスによってシステム運用に大きな影響が出る場合で，最悪の事態と言っていいでしょう．この場合，システムが復旧した後で，再度投票を行うという手があります．在宅投票システムでは，当表行

為自体，極めて簡単なので，有権者も余り不満を持たないでしょう．
(18) すでにテレゴングというここで論じたシステムによく似たシステムがあります．電話機を用いた投票サービスとして，NTTが1993年11月よりサービスを開始しました．これは，世論調査や各種アンケート・企画などに関し，テレビ・ラジオの視聴者や新聞・雑誌などの読者から意見を電話で受け付けるものです．同一人物が複数回投票できますが，システムを少し手直しすれば，本論での投票システムへの実験的システムとして使用できるのではないでしょうか．また，最近では，テレビ番組の放映中に，視聴者が画面上から，もしくはインターネットやファックスを使って，番組に参加できるようにもなってきています．
(19) 既に画像伝送が可能な携帯電話やテレビ電話が実用化されているので，大きな問題ではなくなったと言ってよいでしょう．
(20) 従来のシステムのように，各家庭まで電線を引く場合には，巨額の初期投資が必要ですが，ここでは，そのような投資は既に基本的には終了していると考えています．今後，通常の回線を光ファイバに替えるとか，携帯端末用にセルラー・ポイントを増やすといった投資はあるでしょうが，これらは通信サービスの質量を高めるためのものであり，急がなければならないというものでもなく，行わなくても当面困るといったものでもありません．さらに，今日では衛星通信や無線通信，鉄道会社や電力会社が独自に構築している回線も使用できるので，ネットワーク構築のための巨額の投資は要りません．現在の問題は，これらの通信インフラを如何に効率的に利用するかという問題です．

6章 究極の選挙制度

(1) ここでは国会議員の選挙を念頭において議論を進めていますが，議論自体はどのような選挙にも同様に適用できます．
(2) このような状況は総選挙前に国会で演じられる定数是正の議論を見ていればすぐに理解されるでしょう．
(3) もっとも，この場合でも，基本的な考え方と方向性に関しては国

会で議論し，決定してもらわなければなりませんが……．

（4） この場合，開票日以前に投票者が死亡してしまうと問題になります．このような票は無効になるからです．この作業をコンピュータにやらせるのは難しいという意見がありますが，そんなことはありません．プログラムとシステムの作り方次第でどうとでもなる問題です．

（5） 現行制度では，投票所で立会人立会いの下で，生年月日，住所などで本人確認を行っていますが，このような簡単な確認では，隣に誰が住んでいるのか知らないような大都市の投票では，他人になりすまして投票することが難しくないように思われます．（実際，このようななりすまし投票が結構あるものと私は思っております．）しかし，電子投票を用いれば，何種類もの個人データとの照合が瞬時に行えるので，本人確認は確実に行えます．

（6） ここでは大筋としての投票行動を示しているだけです．システム的にはさまざまな方法が考えられます．

（7） 住基ネットワークと在宅投票システムが同じネットワークを使うといってもこの二つのシステムは完全に独立したシステムで，互いに相手の領域に進入することはありません．（技術的には一つのシステムにすることができますが，セキュリティの面から言えばそうすべきではありません．）したがって，住基ネットワーク中の個人情報が在宅投票システムに洩れることは通常ではありません．もっとも，在宅投票システム中の個人情報が盗まれる危険性はあります．

（8） 現在のわが国には，国政レベルでの国民投票に関する法律がありません．インターネットなどを通して簡単に住民の意見を集計できるようになったため，今後国民投票を望む声が国民の間に急激に高まってくるものと思われます．その意味で，国民投票に関する法整備を早急に進める必要があります．

（9） この場合，在宅投票システムでは使用しないプリンタが家庭側で必要になります．

（10） ここでの議論は，既存の通信網を利用するという前提で話をしているので，大規模な先行投資は基本的に必要ないとしています．

（11） 前章注(20)を参照してください．

(12) 従来,単峰型投票方式が(それ以外の投票方式が60年代末まで知られていなかったということもあり)有望視されてきましたが,第2章で説明したように,その実現性が難しく,実際の選挙に用いることは不可能です.
(13) この点は,その投票方式の性質上,二分型投票方式の方が現行選挙制度における一人1票方式よりもより明確になっています.
(14) 電子投票システムを利用すれば,このために特に時間がかかるということはありません.

参考文献

ここでは，本書で利用した文献（本文中，カッコ内に著者名と刊行年で，たとえば，(Matsumoto 1995) と表記）のリストを掲げておきますが，本書の内容に興味をもたれた読者のために，本書では直接引用しませんでしたが，学んでおいた方がよいと思われる文献も若干加えてあります．中には非常に難解な文献も含まれておりますが，それらは，本書で論じられている内容を専門的に学ぼうとする人なら必ず読んでおかなければならないものです．

1. 選挙制度に関する文献

ここでは本書を執筆するに当たり，直接参考にした文献を挙げておきます．私はこの分野にはあまり明るくないので，読者諸氏が独自に文献を探してみてください．

a) 一般的文献

加藤秀治郎『日本の選挙　何を変えれば政治が変わるのか』中公新書，2003

選挙制度研究会編『実務と研修のためのわかりやすい公職選挙法（第十二次改訂版）』ぎょうせい，2002

b) 専門的文献

ここでは，広く政治思想を論じた著作を含んでいます．

Dahl, R. A., *A Preface to Economic Democracy*, University of California Press, 1985（内山秀夫訳『経済デモクラシー序説』三嶺書房　1988）

Kelsen, H., *Vom Wesen und Wert der Demokratie*, 1929（西島芳二訳『デモクラシーの本質と価値』，岩波文庫，1948）

Mill, J. S., *Consideration on Representative Government*, 1861（水田洋訳『代議制統治論』岩波文庫，1997）

Ortega, J., *La rebellión de las masas*, 1930（寺田和夫訳『大衆の反逆』, 中公クラシックス, 2002）

Rousseau, J. -J., *Du Contract Social; ou, Principes du Droit Politique*, Marc Michel: Amsterdam, 1762（桑原武夫・前川貞次郎訳 ルソー『社会契約論』, 岩波文庫, 1954）

岡本哲治『天と人と国：荀子の思想と経世の倫理』共立出版, 1986

2. 投票方式に関する文献（主として第1～3章の内容に関係）

a) 一般的文献

Sen, A. K., *Inequality Reexamined*, Oxford University Press 1973（池本幸生・野上裕生・佐藤仁訳『不平等の再検討』岩波書店, 1999）

稲田献一『新しい経済学 増補改訂版』日本経済新聞社, 1970

松本保美「民意を正しく反映する単純多数決方式の検討：二分型投票方式の提案」『麗澤学際ジャーナル』, 3, 27-50頁, 1995

———,「民主的選挙制度の基礎：二分型投票と失意の投票者」『早稲田政治経済学雑誌』349, 129-154頁, 2002

山口意友『正義を疑え！』ちくま新書, 2002

b) 専門的文献

Arrow, K. J., *Social Choice and Individual Values*, Yale University Press, 1963

Black, D., "On the rationale of group decision making," *Journal of Political Economy*, 56, pp. 23-34, 1948

———, *The Theory of Committees and Elections*, Cambridge University Press, 1958

Borda, J. -C. de, "Mémoire sur les élections au scrutiny," *Histoire de l' Académie Royale des Sciences*, 1781

Brams, S. J. and P. C. Fishburn, "Approval Voting", *American Political Science Review*, 72, pp. 831-847, 1978

Condorcet, Marquis de, *Essay sur l'Application de l' Analyse, a la Probabilite des Decisions Rendues a la Pluralite des Voix*, Paris, 1785

Dodgson, C. L., *A Method of Taking Votes on More Than Two Issues*, Clarendon Press, Oxford, 1876, reprinted in Black (1958)

Fishburn, P. C., "Aspects of One-stage Voting Rules", *Management Science*, 21, pp. 422-427, 1974

Inada, K., "A Note on the Simple Majority Decision Rule," *Econometrica*, 32, pp. 525-531, 1964

――, "The Simple Majority Decision Rule," *Econometrica*, 37, pp. 490-506, 1969

May, K. O., "A Set of Independent, Necessary and Sufficient Conditions for Simple Majority Decision," *Econometrica*, 20, pp. 680-684, 1952

Nanson, E. J., "Methods of Election," *Transactions and Proceedings of the Royal Society of Victoria*, 19, pp. 197-240, 1882

Niemi, R. and H.Weisberg, "A Mathematical Solution for the Probability of the Paradox of Voting", *Behavioral Science*, 13, pp. 317-323, 1882

Sen, A. K., *Collective Choice and Social Welfare*, Holden-Day, 1970

3. コンピュータ・ネットワーク技術関係
（主として第5章の内容に関係）

a) 一般的文献

Parliament of Australia, Department of the Parliamentary Library, "Australian Capital Territory Election," http://www.aph.gov.au/library/pubs/rn/2001-02/02rn15.htm, 2002

黒崎政男「電子テキストは哲学を変える」『朝日新聞（夕刊）』1993年3月10日

郵政省監修『21世紀の知的社会への改革』コンピュータエージ社, 1994

日本電信電話『平成2年度 電気通信役務通信料等状況報告について』日本電信電話 1991年6月28日

Mainichi Interactive, "IT時代の行政," http://www.mainichi.co.jp/digital/seifu/200206/24-3.html, 2002

松本保美「情報化社会における選挙制度―コンピュータ・ネットワークを利用した新投票システムの提案―」『麗澤国際ジャーナル』2, 85-95頁, 1994

郵政省編『通信白書 平成5年版』大蔵省印刷局 1993

b) 専門的文献

ここでは暗号化の文献を一つだけ挙げていますが，専門的な文献は非常に沢山あります．本書では引用していませんが，電子マネーに関連して一般読者向けの文献もかなり出版されていますので，興味のある方は書店で探してください．

秋山，田中，菊地，宇治「暗号を用いた無記名投票方式」『信学論 (A)』J67-A, 2, pp. 1278−1285, 1984

4. 選挙結果，その他の文献

朝日新聞 "全選挙区の確定投票" 朝日新聞社 1993年7月19日
―― "小選挙区 当選者の横顔" 朝日新聞社 2000年6月26日
厚生省人口問題研究所『わが国世帯数の将来推計 (昭和62年10月推計)』
　　厚生省人口問題研究所 1990
清宮四郎『憲法 I 』有斐閣，1968
Strange, S., *The Retreat of the State*, Cambridge University Press, 1996

あとがき

 この10年ほど，私の主たる興味の一つは，コンピュータやコンピュータ・ネットワークの普及が人々の心理や行動から社会に，ひいては経済理論にどのような影響を与えるかという問題でした．その結果として書かれた論文の一つ，「情報化社会における選挙制度——コンピュータ・ネットワークを利用した新投票システムの提案——」が，本書の出発点となった二つの論文の一つです．もう一つの論文，「民意を正しく反映する単純多数決方式の検討：二分型投票方式の提案」は，私の専門である社会的選択理論の研究過程から出てきたアイデアです．この説明からお分かりのように，この二つの論文は，もともと独立に書かれたもので，完成後も暫くは放ったらかしにしてありました．最近になって，この二つの論文を結びつけ，選挙制度のあり方を根底から洗い直してみようと考え，書き上げたのが本書です．

 本書をまとめるにあたっては，先の二論文だけでなく，私が今まで発表してきた論文を多数参照しました．しかし，その多くは参考文献リストには載せていません．その理由は，一つには，専門的記述が多すぎたからですが，それよりも，過去の論文を読み返す中で，新たな

解釈を発見したり，考えが深まったのに加え，直接引用できない程の大きな変化が社会に生じたと言う方が大きな要因です．この10年ほどの間に，コンピュータ技術，IT技術が急速に進展し，それを取り込んだ，パソコン，携帯電話・PHSがあっという間に社会に普及し，インターネットの利用者数も爆発的に増加しました．このような社会の激変は，数年前の論文でも大幅に書き直さざるを得ない状況を作り出してしまいました．さらに，本書の完成が遅れるに伴い，その都度，大幅な書き直しを余儀なくされ，その結果，引用の多くは原形を止めないまでに変わってしまいました．しかし，参照した論文の中で明らかになった成果のいくつかは，主として本書の注の中で紹介されています．

　書き直しのたびに，諸先輩，同僚から，私の学生，社会で様々な実務に就いている方々など，実に多くの人々のご指摘・助言をいただきました．本来は，その方々一人一人にお礼を申し上げなければならないのですが，あまりにも数が多いうえに，注意深く気をつけて数え挙げていっても必ず書き落としてしまう方があるように思えてなりません．そのため，真に勝手ながら，ここで全員の名前を挙げてお礼を申し上げるのは省略させていただきます．どうかご容赦願いたいと思います．多くのご指摘・助言を反映すべく原稿を書き改めたつもりですが，それらが十分に反映されているとは，残念ながら，言えません．自分の能力不足をつくづく痛感いたします．もちろん，本書中に散見されるであろう誤りが私の責任であることは申すまでもありません．皆様の暖かいご叱正を賜れば幸いです．

　本書の刊行に当たっては，木鐸社の坂口節子さんのご尽力に負うところが極めて大です．彼女の適切なアドバイスがなければ本書は世に出ていなかったでしょう．記して感謝の意を表します．

最後に，どうしても書き留めずにはいられない方が二人おります．それは，本書に先行するいくつかの論文に対し，最初から様々なアドバイスと励ましをいただいた岡本哲治先生と稲田献一先生です．私が怠惰なために，本書の完成を待たずに両先生はこの世を去ってしまわれました．両先生のご厚情に感謝して，本書を岡本哲治先生と稲田献一先生に捧げます．

2003年6月

気持ちよく晴れ渡った東京の空の下で

松本保美

人名索引

- ア行 -

アロー（Arrow, K. J.） *39, 51, 157, 158, 159, 166, 167, 177*
池本幸生 *177*
稲田献一（Inada, K.） *47, 53, 67, 146, 166, 168, 177, 178*
ウェイスバーグ（Weisberg, H.） *70, 178*
内山秀夫 *176*
岡本哲治 *155, 177*
オルテガ（Ortega, J.） *4, 16, 17, 25, 27, 158, 167, 177*

- カ行 -

加藤秀治郎 *18, 19, 44, 73, 157, 164, 167, 176*
清宮四郎 *179*
桑原武夫 *156, 177*
黒崎政男 *112, 178*
ケルゼン（Kelsen, H.） *176*
コンドルセ（Condorcet, Marquis de） *177*

- サ行 -

佐藤仁 *177*
ストレンジ（Strange, S.） *164, 179*
セン（Sen, A. K.） *177, 178*

- タ行 -

ダール（Dahl, R. A.） *130, 176*
寺田和夫 *177*

ドジソン（Dodgson, C. L.） *39, 177*

- ナ行 -

ナンソン（Nanson, E. J.） *39, 178*
西島芳二 *176*
ニエミ（Niemi, R.） *70, 178*
野上裕生 *177*

- ハ行 -

フィッシュバーン（Fishburn, P. C.） *63, 71, 92, 94, 148, 168, 177, 178*
ブラック（Black, D.） *39, 177*
ブラムス（Brams, S. J.） *63, 92, 148, 168, 177*
ボルダ（Borda, J-C de） *39, 177*

- マ行 -

前川貞次郎 *156, 177*
松本保美 *166, 169, 170, 172, 177, 178*
水田洋 *176*
ミル（Mill, J. S.） *73, 176*
メイ（May, K. O.） *178*

- ヤ行 -

山口意友 *164, 165, 177*

- ラ行 -

ルソー（Rousseau, J.-J.） *17, 26, 156, 177*

事項索引

- 数値 -
1票の重さの不平等　*32, 34, 44, 137, 138*
1票の格差　*34, 44, 137, 138, 140*
2回投票制　*151, 163*

- A -
ADSL　*171*
ATM　*110, 134*

- B -
B-ISDN　*119*

- C -
CD-ROM　*112*
CF　*110*

- I -
ICカード　*113, 114, 123, 139*
ISDN　*119*
IT技術　*3, 6, 24, 26, 33, 37, 45, 96, 108, 116, 130, 170, 182*

- V -
VI&P計画　*119, 120*

- ア行 -
アナログ回線　*171*
インターネット・プロバイダ　*128*
ウィルス　*133, 172*
エコー型投票方式　*56*
オンライン投票　*110*

- カ行 -
キャッシュ・ディスペンサ　*113*
キャプテン　*170*
コンドルセ基準による多数決勝者　*71, 72, 94, 163*
コンパクトフラッシュ　*110*
コンピュータ・ネットワーク　*6, 26, 33, 45, 96, 108, 111, 112, 115, 121, 133, 142, 145, 146, 147, 149, 181*

- サ行 -
サーバ　*128*
スタンド・アロン　*110, 113*
セキュリティ　*116, 174*
セルラー・ポイント　*173*

- タ行 -
ダイヤル式　*133, 142*
タッチペン　*110*
タッチ式入力　*36, 110, 134, 142, 147*
タブー型投票方式　*59*
ディジタル回線　*119*
テレゴング　*173*
テレテキスト　*118, 170*
テレビ一体型パソコン　*118, 120*
テレライティング　*118, 171*

- ハ行 -
ハッキング　*133, 172*
パレート基準　*159, 160*
パレート最適　*160*
ピーク・トラフィック　*128*
ビデオテックス　*170*
ヒューマン・インターフェース　*134, 143*

事項索引　187

プッシュ式　134, 142
プライバシー保護　133
ポインティング・デバイス　134
ボーティング・パラドックス　39, 84
ホスト・コンピュータ　119, 120, 126, 127, 128, 132, 172
ボルダ・ルール　39, 42

- マ行 -
メッセージ・スイッチング　128

- ラ行 -
ライトペン　134, 142

- あ行 -
暗号・認証技術　113
いたずら電話防止用選択通信　119
一般可能性定理　49, 50, 51, 155, 157, 158, 159, 160, 166, 167
一般回線　170

- か行 -
回線接続点　128
回線負荷　124, 126, 128
加入者電話契約　116
間接民主制　130, 131
完全連記制　18, 19, 21, 23
記号論理学　5, 6, 155, 168
基数の集計方法　42, 43
機密保持通信　119
現金自動受払い機　134
厳正拘束名簿式　20
高細度映像通信　119
公衆回線　115
公職選挙法　114, 142, 157, 161
拘束名簿式　19, 20
国民投票　129, 132, 134, 143

- さ行 -

最高裁判所判事の国民審査　63
在宅投票システム　4, 33, 36, 46, 47, 111, 112, 116, 120, 121, 123, 124, 130, 131, 133, 138, 141, 142, 143, 144, 145, 146, 147, 149, 150, 152, 172, 174
失意の投票者　47, 77, 78, 79, 80, 82, 83, 90, 91, 92, 94, 95, 96, 97, 99, 100, 101, 103, 104, 105, 106, 107, 110, 169
自由選挙　23
自由名簿式　21
自律的選挙制度　141, 146
社会契約論　156, 177
社会的選択理論　4
住基ネットワーク　143, 174
衆愚政治　25, 26, 141, 172
集合論　5, 155, 168
集団的選択理論　4
住宅用電話　117
住民投票　132, 134, 143
順序　55
小選挙区制　18, 20, 24, 27, 33, 34, 46, 70, 74, 75, 76, 77, 79, 80, 94, 99, 106, 107, 146, 150, 152, 164, 168, 169
小選挙区比例代表制　77, 78
承認投票　66, 92, 148, 151, 168
情報スーパーハイウェイ構想　120
序数的集計方法　42, 43
親展通信　119
信任投票　151
制限投票制　19, 23, 66, 80, 150
制限連記制　19, 23, 160
絶対多数代表制　151, 163, 167, 169
選挙管理委員会　126, 128, 132
選挙区割り　29, 30, 34, 35, 45, 74, 137, 138, 140, 161
選挙制度改革　4, 16, 17, 44, 46
専用回線　113, 115, 116, 170
総得点方式　39, 40, 41, 42
双方向通信　144

存在証明 50, 165

- た行 -

第1種通信事業者 126, 170
大画面・多画面映像通信 119
大選挙区制 18, 19, 24, 27, 46, 47, 74, 75, 76, 77, 78, 99, 107, 146, 150, 151, 152, 161, 164
第2世代 ISDN 119
多数決制度 6
多数代表制 18, 24, 25, 26, 30, 74, 75, 76, 150
単記移譲式 20
単記制 18, 19, 23, 66, 160, 161
単谷型投票方式 58, 69, 70
単純拘束名簿式 20
単純多数決 5, 17, 27, 42, 53, 54, 60, 67, 72, 76, 96, 99, 146, 147, 168, 181
単峰型投票方式 55, 57, 67, 68, 69, 70, 84, 86, 96, 149, 167, 168, 175
中選挙区制 18, 19, 20, 24, 46, 74, 77, 80, 99, 152, 161, 164
直接選挙 23
直接民主制 26, 49, 130
定数変動型選挙制度 4, 45, 47, 150, 152
敵対型投票方式 56
電気通信審議会 114, 119, 120
電子式投票システム研究会 114
電子投票システム 45, 46, 47, 109, 110, 111, 112, 114, 123, 124, 134, 144, 155, 157, 171, 175
電子投票制度 114
投票結果の信憑性 137, 138
投票権 30, 48, 49, 52, 60, 72, 92, 109, 160, 161
投票者 7, 31, 38, 40, 41, 42, 43, 46, 48, 54, 56, 57, 58, 59, 70, 71, 72, 80, 81, 85, 86, 87, 88, 92, 94, 95, 96, 107, 111, 113, 115, 123, 131, 147, 149, 151

投票集計ファイル 127
投票端末機 36, 110, 143, 144, 145
投票の逆理 38, 39, 41, 42, 43, 46, 54, 70, 83, 84, 90, 146
独裁権 25

- な行 -

二グループ分離型投票方式 59
二項比較 80, 81
二大政党論 24, 76
二分型投票方式 3, 47, 56, 63, 66, 69, 70, 71, 72, 76, 77, 89, 92, 95, 96, 97, 99, 100, 106, 107, 109, 138, 146, 147, 148, 149, 150, 151, 152, 153, 167, 169, 175, 181

- は行 -

買収 148, 149
光ケーブル 119
光ファイバ 114, 173
非拘束名簿式 21
非存在証明 50, 165
一人1票方式 44, 54, 70, 77, 78, 83, 89, 95, 96, 99, 106, 107, 109, 110, 146, 147, 148, 150, 169, 175
秘密選挙 23
表示選択方式 134, 142
平等選挙 23
比例代表制 18, 19, 20, 24, 25, 26, 27, 30, 34, 74, 75, 76, 163
比例的平等 48, 49, 52
付加価値通信網 118
複数投票 21
複数投票制 19, 23, 66, 80, 82, 84, 150
普通選挙 23
分散型システム 113, 126, 129, 131, 132
泡沫候補 5, 40, 42, 46, 88, 92, 95, 96, 103, 146, 152
翻訳通信 119

- ま行 -

無差別 *168*
無差別的平等 *48, 49, 51, 52*
名簿式 *20*

- や行 -

有権者 *7, 20, 21, 23, 30, 31, 32, 33, 34, 35, 36, 39, 46, 49, 52, 54, 62, 63, 66, 69, 71, 72, 82, 90, 97, 109, 110, 112, 120, 122, 124, 125, 127, 130, 131, 132, 138, 139, 140, 144, 148, 149, 152, 157, 161, 162, 163, 167, 168, 170*
有権者データ・ベース *133*
優先順位付け投票制 *33*

- ら行 -

累積投票 *21*
連記制 *19, 23*
論理的整合性 *27, 42, 67, 69, 70, 71, 76, 84, 146, 152, 167*

著者略歴

松本　保美（まつもと　やすみ）

早稲田大学政治経済学部教授
(D. Phil：数理経済学)

論文
・"What is the Real Meaning of the Arrow's Problem？：Revised"『麗澤経済研究』vol.2, No.1, 45-57頁, 1994
・「ネットワーク社会に潜む不平等」浦山重郎・松本保美編『グローバル・ネットワークと企業経営』経営情報学会情報戦略部会, 28-34頁, 1999
・「インターネット社会の経済学的考察」郵政省郵政研究所編『インターネットの進化と日本の情報通信政策』日鉄技術情報センター, 145-160頁, 2000
・「日本の電子商取引とインターネット」総務省郵政研究所編『日本の電子商取引とインターネット』日鉄技術情報センター, 209-48頁, 2001

理論とテクノロジーに裏付けられた　新しい選挙制度

2003年9月30日第一版第一刷印刷発行　Ⓒ

著者との了解により検印省略	著　者	松　本　保　美
	発行者	坂　口　節　子
	発行所	㈲　木鐸社（ぼくたくしゃ）

印刷　㈱アテネ社　　製本　関山製本社

〒112-0002　東京都文京区小石川5-11-15-302
電話（03）3814-4195　　ファクス（03）3814-4196
郵便振替　00100-5-126746　　http://www.bokutakusha.com

乱丁・落丁本はお取替致します

ISBN4-8332-2344-9　C 1031

関連書ご案内

西平重喜著
各国の選挙
■ 選挙の変遷と実状

A5判584頁
10,000円

三宅一郎著
選挙制度改革と投票行動

A5判240頁
3,500円

三宅一郎著
政党支持の構造

A5判224頁
2,500円

三宅一郎・西澤由隆・河野　勝著
55年体制下の政治と経済

A5判232頁
3,500円

蒲島郁夫著
政権交代と有権者の態度変容

A5判316頁
2,500円

池田謙一著
転変する政治のリアリティ

A5判224頁
2,500円

増山幹高著
議会制度と日本政治
■ 議事運営の計量政治学

A5判300頁
4,000円

（価格は税抜きです）